W0109019

Was ist katholisch?

Valentino
Hribernig-Körber

Valentino Hribernig-Körber

Was ist katholisch?

Alles Wissenswerte auf einen Blick

Mit Fotos
von Hans-Jörg Karrenbrock

Mit einem Vorwort
von Paul Michael Zulehner

Kösel

WAS IST KATHOLISCH?

Meiner Tochter Constanze Maria
und meiner Patennichte Magdalena Donata
aus Anlass ihrer Taufe gewidmet

Copyright © 2008 Kösel-Verlag, München,
in der Verlagsgruppe Random House GmbH
Druck und Bindung: Mohn Media, Gütersloh
Umschlag: Elisabeth Petersen, München
Umschlagmotive: Hans-Jörg Karrenbrock, Klosterneuburg;
KNA (Vorderseite, 3. Bild von oben)
Layout und Herstellung: Ilse Weidenbacher, München
Printed in Germany
ISBN 978-3-466-36790-0

Gedruckt auf umweltfreundlich hergestelltem Bilderdruckpapier
(säurefrei und chlorfrei gebleicht)

www.koesel.de

Inhalt

Es ist allseits zu beobachten: Ein neugieriges Interesse an Religion und noch mehr an Spiritualität wächst, und zwar gerade in modernen, aufgeklärten Kulturen. Oft steht dabei das religiöse Erleben im Vordergrund der Aufmerksamkeit, manchmal auch zu Lasten und auf Kosten der intellektuellen Auseinandersetzung. Im Erleben ist aber immer auch religiöse Wahrheit und spirituelle Weisheit eingeflochten – Gefühl und Verstand sind unlösbar ineinander verwoben. Vor allem, und das wird vielfach übersehen, hilft der Verstand, die Geister zu unterscheiden (und somit auch die vielfältigen Spiritualitäten). Fragen tun sich auf, an denen man sich letztlich nicht vorbeischwindeln kann: Wohin geht die spirituelle Reise? Ist man wirklich auf einem guten Weg? Die alten Religionen erweisen sich in einer solchen Zeit des Suchens als verlässliche Wegweiser. Denn ihre Weisheiten sind durchdacht und ausgereift. Und gerade die Kirchen können entlastende Erzählgemeinschaften sein, die alte Weisheiten für heute und morgen in Erinnerung halten: Das scheinbar Antiquierte erweist sich als avantgardistisch.

Dazu kommt, dass sich in modernen Kulturen der Horizont vieler Menschen globalisiert hat. Wir sind Weltbürgerinnen und -bürger geworden, die unweigerlich auf vielfältige religiöse Traditionen stoßen, auf fremdartige Angebote, die leicht zum Spiegel werden können für die eigene Tradition. Es kommt zur Begegnung der Religionen, nicht zuletzt auch dadurch, dass Wanderbewegungen uns Angehörige fremder Religionen vors Haus geführt haben. So trifft etwa nicht nur

Kirchtürme – ein weithin
sichtbares Zeichen
christlicher Kultur

in den großen Städten ein glaubensstarker Islam auf ein glaubensschwaches Christentum. Das ist für viele, auch wenig christliche Menschen, zunehmend ein angstbesetzter Vorgang. Das Problem dabei ist aber nicht der glaubenskundige Islam, sondern das geschwächte und seiner selbst nicht sichere Christentum.

Die Erfahrung zeigt jedenfalls: Für jeden Einzelnen in seinem Umfeld, aber auch für die politische Entwicklung insgesamt wird es zunehmend wichtig, über die eigene Religion Bescheid zu wissen. Dazu verhilft das vorliegende Buch, in dessen Mittelpunkt der Katholizismus steht, in besonderer Weise – nicht nur, weil es auch ohne theologische Bildung verständlich ist. Grundsätzlich wohlwollend gestimmt, steht es abseits der populären katholischen Skandal- und Kriminalgeschichten. Vielmehr werden in Wort und Bild die Architektur und das mystische Geheimnis einer lebendigen Religion gezeigt, die zum Mitleben einlädt. Dabei ist es dennoch nicht blind für die historischen und aktuellen Herausforderungen, denen gegenüber sich der Katholizismus immer wieder bewähren muss. Die Augen bleiben aber auch für andere, für viele eher fremde und daher befremdliche religiöse Traditionen offen.

So ist dieses Buch für die »Innen-Stehenden« eine Ermutigung, sich eine gewisse freudige Zugehörigkeit zu ihrer katholischen Kirche zu gönnen, und für die »Außen-Stehenden« ein Angebot, die innere Schlüssigkeit und attraktive Tragfähigkeit des katholischen Lebens- und Lehrentwurfs kennenzulernen.

Paul Michael Zulehner

»Für jeden Einzelnen, aber auch für die politische Entwicklung insgesamt wird es zunehmend wichtig, über die eigene Religion Bescheid zu wissen.«

Gebete und Andachten

Das Gebet ist die Mitte im Leben jedes gläubigen Menschen und jeder Glaubensgemeinschaft. Die Gebetsformen, die eine Gemeinschaft für sich entwickelt und überliefert, gehören wesentlich zu ihrem spirituellen Profil. Es gibt Gebete, die allen Christen gemeinsam sind. Sie werden als »Grundgebete« bezeichnet. Sie bestehen zum Großteil aus biblischen Textelementen und besitzen schon von daher eine besondere Würde und theologische Dichte. So laden sie trotz ihres Alters bis heute zu Meditation, Reflexion und Gebet ein. Über die Grundgebete hinaus gibt es aber auch noch eine ganze Reihe von »typisch katholischen« Gebets- und Andachtsformen.

Die Grundgebete

Das Kreuzzeichen

Das Kreuzchen im Lektionar erinnert an das Kreuzeichen vor der Verlesung des Evangeliums

**Im Namen des Vaters
und des Sohnes
und des Heiligen Geistes.
Amen.**

Die Worte des Kreuzzeichens werden von der Geste des Sich-Bekreuzigens begleitet, die den ganzen Menschen unter das zentrale christliche Symbol des Kreuzes stellt. Mit dem Kreuzeichen wird in der Regel jede liturgische Feier und jedes Gebet eröffnet. Es kann aber auch für sich allein als »kürzestes Gebet« gesprochen werden – zum Beispiel am Morgen, am Abend, am Beginn einer Reise oder einer Arbeit. Das Kreuzeichen begleitet außerdem die christliche Segensformel und die Gebete zur Spendung der Sakramente.

◄ *Im Gebet suchen die Gläubigen Gottes Nähe, in Lob und Dank, in Bitte und Verehrung – sei es im persönlichen Gebet oder im Gebet in der Gemeinschaft*

Das Vaterunser

Vater unser im Himmel,
geheiligt werde dein Name.
Dein Reich komme.
Dein Wille geschehe,
wie im Himmel so auf Erden.
Unser tägliches Brot gib uns heute.
Und vergib uns unsere Schuld,
wie auch wir vergeben unsern Schuldigern.
Und führe uns nicht in Versuchung,
sondern erlöse uns von dem Bösen.
Denn dein ist das Reich und die Kraft
und die Herrlichkeit in Ewigkeit.
Amen.

Allegorie zu »Erlöse uns von dem Bösen«: der Sturz Satans (um 1770)

Das Neue Testament berichtet, dass die Jünger Jesus um Rat gefragt haben, wie sie in rechter Weise beten sollten. Jesus beantwortete ihre Bitte mit dem Vaterunser.[1] Deshalb ist das Vaterunser das wichtigste christliche Gebet überhaupt. Im Besonderen wird es in der heiligen Messe vor der Kommunion gebetet, gewissermaßen als Tischgebet.

Das Lob des dreifaltigen Gottes

Ehre sei dem Vater
und dem Sohn
und dem Heiligen Geist,
wie im Anfang, so auch jetzt und alle Zeit
und in Ewigkeit.
Amen.

Vater, Sohn und Heiliger Geist: figürliche Darstellung der Heiligen Dreifaltigkeit (um 1730)

Das Lob des dreifaltigen Gottes wird meistens als feierlicher Abschluss eines anderen Gebets gesprochen, zum Beispiel nach einem Psalm oder nach einem Gesätz im Rosenkranz. Es kann aber auch für sich allein gebetet werden.

Das Gebet begleitet
den gläubigen Menschen
durch sein Leben, von der
Kindheit bis ins Alter

Ave Maria

Gegrüßet seist du, Maria, voll der Gnade,
der Herr ist mit dir.
Du bist gebenedeit unter den Frauen
und gebenedeit
ist die Frucht deines Leibes, Jesus.
Heilige Maria, Mutter Gottes, bitte für uns Sünder,
jetzt und in der Stunde unseres Todes.
Amen.

Das Ave Maria (von lateinisch »Sei gegrüßt, Maria!«) ist das wichtigste Gebet zur Mutter Jesu. Sein Beginn zitiert den Gruß des Engels an Maria aus dem Lukasevangelium: »Sei gegrüßt, du Begnadete, der Herr ist mit dir« (Lk 1,28). Es bildet unter anderem den Grundbestandteil des Rosenkranzes (zum Rosenkranz und anderen Mariengebeten siehe auch das Kapitel zu *Maria*).

»Sei gegrüßt, du Begnadete«: Verkündigungsszene (um 1439)

Apostolisches Glaubensbekenntnis

Ich glaube an Gott,
den Vater, den Allmächtigen,
den Schöpfer des Himmels und der Erde,
und an Jesus Christus,
seinen eingeborenen Sohn, unsern Herrn,
empfangen durch den Heiligen Geist,
geboren von der Jungfrau Maria,
gelitten unter Pontius Pilatus,
gekreuzigt, gestorben und begraben,
hinabgestiegen in das Reich des Todes,
am dritten Tage auferstanden von den Toten,
aufgefahren in den Himmel;
er sitzt zur Rechten Gottes,
des allmächtigen Vaters,
von dort wird er kommen,
zu richten die Lebenden und die Toten.
Ich glaube an den Heiligen Geist,
die heilige katholische[2] Kirche,
Gemeinschaft der Heiligen,
Vergebung der Sünden,
Auferstehung der Toten
und das ewige Leben.
Amen.

Das Glaubensbekenntnis (lateinisch »credo« = ich glaube) fasst die wichtigsten christlichen Glaubenswahrheiten in knappen Formulierungen zusammen. Das gebräuchlichste Credo ist das hier zitierte »Apostolische Glaubensbekenntnis«. Daneben gibt es auch noch andere Glaubensbekenntnisse. Sie sind auf den Konzilien der ersten christlichen Jahrhunderte als Ergebnis von theologischen Streitfragen entstanden (siehe auch das Kapitel *Dogmen*).[3] Das Credo wird vor allem in der Sonntagsmesse gesprochen.

Amen

Mit dem bekannten Wort Amen wird in der Regel jedes christliche Gebet abgeschlossen. Es kommt aus dem Hebräischen und bedeutet sinngemäß: »Gewiss«, »Wahrlich«. Der zugrunde liegende Wortstamm steht für »feststehen, festigen, pflegen«, in weiterem Sinn auch für »glauben« und für »verlässliche Treue«.

Typisch katholische Gebete und Andachten

Das Stundengebet

Ordensmänner beim Stundengebet

Das Stundengebet (auch: Breviergebet) ist eine traditionsreiche Form kirchlich-liturgischen Betens. Sein Name leitet sich davon her, dass man sich zu bestimmten Stunden des Tages zum Gebet versammelt – eine Gewohnheit, die die Apostelgeschichte schon für die ersten Christen bezeugt. So soll der ganze Tag »geheiligt werden«. Katholische Geistliche und Ordensleute sind zum Stundengebet verpflichtet. Sie beten es unter anderem stellvertretend für alle Gläubigen. Seit dem Zweiten Vatikanischen Konzil entdecken auch die Laien das Stundengebet wieder für ihr Gebet.

Von seiner Struktur her ist das Stundengebet gedacht für das Gebet in Gemeinschaft. Es besteht vor allem aus Psalmen sowie aus Lesungen und Gesängen aus der Bibel.

Eucharistische Anbetung

Nach katholischem Glauben ist Christus nach der Wandlung der heiligen Messe im eucharistischen Brot, der sogenannten Hostie, bleibend »leibhaftig« gegenwärtig. Gemäß dieser Überzeugung werden gewandelte Hostien zu bestimmten Zeiten in einer Monstranz für die Gläubigen zur Anbetung ausgesetzt. Die Aussetzung erfolgt entsprechend feierlich, auf besonders geschmückten Altären und mit Weihrauch. Das Gebet selbst ist persönlich und still oder es wird in einer Andacht gemeinsam gehalten.

An bestimmten Tagen wird das Allerheiligste in der Monstranz zur feierlichen Anbetung ausgesetzt

Litaneien

Litaneien sind Andachten, bei denen eine Reihe von Gebetsrufen mit einem gleichbleibenden Satz beantwortet wird (zum Beispiel in der Allerheiligenlitanei: »Heilige Maria, Mutter Gottes – bitte für uns. Heiliger Josef – bitte für uns« usw.). Es gibt Litaneien zu den verschiedensten Anliegen und Anlässen: die Allerheiligenlitanei, die Litanei vom Leiden Jesu, die »Lauretanische Litanei« an die Gottesmutter, um nur einige bekanntere zu nennen. Von ihrem einfachen Grundprinzip her eignen sich Litaneien besonders für das Gebet in einer größeren Gebetsgemeinschaft. Dabei spricht ein Vorbeter die Anrufungen, der den Text der Litanei vor sich hat – die Antwortenden kennen ihre Rufe meistens auswendig.

Christliche Symbole

Jede Gemeinschaft – und damit auch jede Religion – entwickelt im Laufe ihrer Geschichte typische Symbole (ihr »Corporate Design«). Das sind Zeichen, die man innerhalb der Gemeinschaft verstehen kann und an denen man nach außen hin erkennbar ist. Die christlichen Grundsymbole verdichten Glaubensüberzeugungen in der Sprache der Bilder und laden zum Glauben ein. Die meisten von ihnen bezeichnen den dreifaltigen Gott, Jesus Christus oder den Heiligen Geist.

Der dreifaltige Gott

»Niemand hat Gott je geschaut«, schreibt der Evangelist Johannes (Joh 1,18). Daher ist auch das christliche Symbol für Gott abstrakt und einfach: Weil er dreifaltig ist, wird er als Dreieck dargestellt. Manchmal ist in das Dreieck ein Auge eingezeichnet, das auf Gottes Allwissenheit hinweist. Wenn Strahlen von dem Dreieck ausgehen, deuten sie auf Gottes Herrlichkeit.

Die Engel lobsingen der Dreifaltigkeit; Detail eines barocken Hochaltars (1723)

Das Symbol des Kreuzes

Die christliche Symbolik spricht in vielfältiger Weise von Jesus Christus, dem Sohn Gottes, dem Erlöser der Menschen. Dabei ist das Kreuz[4] das zentrale christliche Zeichen überhaupt.

Das Kreuz

Es bezeichnet den Tod Jesu, durch den er die Menschen erlöst hat. Vom Gipfelkreuz bis zum Anhänger an Halsketten ist es in christlich geprägten Ländern allgegenwärtig. Die römische Strafe der Kreuzigung war aber an keine bestimmte Form eines Kreuzes gebunden. Es wurde zum Beispiel auch durch Annageln an Bäume »gekreuzigt«. Daher sind die unterschiedlichen Kreuzessymbole keine exakten Abbildungen des Kreuzes Jesu, sondern stilisierte Zeichen.

Frühchristliches Mosaik (um 500 n.Chr.). Genauere Erläuterung siehe S. 25

Das lateinische Kreuz

Das lateinische[5] Kreuz ist die schlichteste Kreuzform. Sein vertikaler Balken wird auch für die Verbindung des Menschen zu Gott gedeutet, der horizontale für die Verbindung der Menschen untereinander.

Das russische Kreuz

Vermutlich im Osten entstand das Doppelkreuz, das bald auch in der abendländischen Christenheit Verwendung fand. Der obere Balken steht für die Kreuzesinschrift (siehe S. 22). Für das russische[6] Kreuz ist charakteristisch, dass unten noch ein weiterer, meist schräg gestellter Querbalken eingefügt wurde, eine Stilisierung des bei einer Kreuzigung teilweise üblichen kleinen Fußbretts.

Das Andreaskreuz

Nach der Legende wurde der Apostel Andreas an einem quer gestellten Kreuz hingerichtet. Das Andreaskreuz findet auch als Verkehrszeichen an Bahnübergängen Verwendung.

Lateinisches Kreuz, vom Deckel eines Hostiengefäßes

Doppelkreuz, hier über einem Halbmond zum Anker der Hoffnung erweitert; Detail einer Pestsäule (1690)

Christusmonogramm – die Anfangsbuchstaben der griechischen Schreibweise für Christus

Christus-Monogramme

Ein altes christliches Symbol verwendet die griechischen Anfangsbuchstaben des Hoheitstitels »Christus« (der »Gesalbte«, das entsprechende hebräische Wort ist »Messias«): **Chi und Rho** (die griechischen Buchstaben sehen wie ein X und ein P aus).

Ein anderes Symbol dieser Art ergibt sich aus den ersten drei griechischen Buchstaben des Namens

Darstellung des hl. Apostels Andreas mit dem charakteristischen Andreaskreuz (1746)

Die »Glorie des Namens Jesu« ist typisch für eine Kirche der Jesuiten; Fassadenaufsatz (um 1700)

Die Kreuzesinschrift (»Titulus«) gab den Grund der Kreuzigung Jesu an; hier Detail aus einem Friedhofskreuz

Alpha und Omega finden sich als Symbole an vielen Orten, hier auf einer Stola

»Jesus«: Iota, Eta und Sigma (in der lateinischen Schrift geschrieben als I, H – für das griechische Eta – und S): **IHS**. Als man die ursprüngliche Bedeutung des Kürzels nicht mehr verstand, wurde es als »Jesus Heiland Seligmacher« gelesen. Es wurde ab dem 16. Jahrhundert durch den Orden der Jesuiten sehr verbreitet und ist zu dessen Kennzeichen geworden.

Die Aufschrift des Kreuzes Jesu lautete: »Jesus von Nazaret, König der Juden«. Ins Lateinische übersetzt wird das zu »Jesus Nazarenus Rex Iudaeorum«. Aus den Anfangsbuchstaben dieser Aufschrift ergibt sich **INRI** – eine Buchstabenfolge, die auf zahlreichen Kreuzigungsbildern zu finden ist. Auch unabhängig davon ist sie als Symbol für Christus verbreitet.

Österliche Christus Symbole

Das Neue Testament nennt Christus den Ursprung und das Ziel der Schöpfung (z.B. Kol 1,16). Bei der Segnung der Osterkerze spricht die Kirche: »Christus, gestern und heute – Anfang und Ende – Alpha und Omega.« Symbolisch wurde dieser Satz durch den ersten und den letzten Buchstaben des griechischen Alphabets, **Alpha und Omega**, zum Ausdruck gebracht. Diese Buchstabensymbolik findet sich schon im letzten Buch des Neuen Testaments, der Offenbarung des Johannes: »Ich bin das Alpha und das Omega, spricht Gott, der Herr« (Offb 1,8).

Dort wird Christus auch mit einem Opferlamm verglichen, das geschlachtet wurde (Kreuzigung), nun aber die Herrschaft über den Kosmos innehat (Auferstehung). In ähnlicher Weise überliefert das Johannesevangelium, dass der Täufer Johannes seine Anhänger auf Jesus hingewiesen hat: »Seht das Lamm Gottes, das die Sünde der Welt hinwegnimmt« (Joh 1,27). Auch die innere Beziehung zwischen Jesus und dem jüdischen Paschalamm wird schon in der Bibel angedeutet (Joh 19,36). Daher ist **das Lamm** auch ein häufig gebrauchtes christliches Symbol.

Schließlich ist noch **der Fisch** als christliches Symbol zu erwähnen. Er ist vermutlich das älteste Christus-Zeichen überhaupt (zumal auch einige der Apostel von Beruf Fischer waren). Die Anfangsbuchstaben des griechischen Wortes für Fisch, »Ichthys« (sprich: Ichthüs), lassen sich zu einer Kurzformel des christlichen Glaubensbekenntnisses ergänzen:

Iesous   Jesus

Christos   Christus *(ist)*

Theou   Gottes

Yios   Sohn *(und der)*

Soter   Erlöser

Symbole des Heiligen Geistes

Es ist eine schwierige Frage, wie sich der Heilige Geist symbolisch darstellen lässt. Dennoch gibt es bereits in der Bibel Anhaltspunkte.

Das geschlachtete Lamm, im Gestus des Herrschers (um 1210)

Fischsymbole, hier dargestellt im Zusammenhang der Brotvermehrung

Der Heilige Geist in Gestalt einer Taube; Detail einer barocken Pestsäule (um 1715)

Der Heilige Geist kommt in Feuerzungen auf die Apostel herab

Dort heißt es etwa bei der Taufe Jesu, der Heilige Geist sei »wie eine Taube« auf ihn herabgekommen. Die Taube ist daher das Symbol des Heiligen Geistes. Es findet sich in vielen Kirchen, z.B. am Hochaltar oder im Schalldeckel der Kanzel.

Ein anderes Symbol für den Heiligen Geist, das man auf Bildern häufig findet, sind Feuerzungen. Denn nach der Pfingsterzählung der Apostelgeschichte (Apg 2) kam der Geist in Feuerzungen auf die Apostel herab.

Das »Tintinabulum«, das Vortragskreuz der Basilika, vereint verschiedene christliche Symbole in sich

Wissenswertes zum Bild auf S. 18

Der Mosaikboden von Teurnia

In der zwölfteiligen Bilderserie sind – in typisch spätantiker Bildersprache – Themen der antiken Naturlehre, der Heiligen Schrift und der Kirchenväter zu religiösen Botschaften verdichtet. Dabei ist pro Zeile ein Hauptthema zu erkennen – und Zeile für Zeile in Richtung zum Altar hin eine inhaltliche Steigerung. Von unten nach oben: 1. Der Storch (Christus) hebt die Eidechse (den alten Menschen) zu sich empor. Links und rechts (auf dem Foto nicht zu sehen): der Kampf zwischen Gut und Böse; links entkommt der Hase dem Verfolger, wenn er nach oben – zum Guten – läuft; rechts in einem schachbrettartigen Füllmotiv der Gegensatz von Schwarz und Weiß. 2. Die Kirche: links das Rind als Symbol für die Mühe der Apostel; in der Mitte das Reich Gottes als Baum, der aus dem kleinen Senfkorn wächst; rechts die Kirche als Glucke, die ihre Küken um sich sammelt. 3. »Wie der Hirsch lechzt nach frischem Wasser, so sehnt sich meine Seele nach Gott«: rechts die Hirschkuh, in der Mitte der Wasserkrug – flankiert von Schlangen, die der Legende nach die Hirschkuh beißen und ihr quälenden Durst verursachen; links in bewusster Gegenüberstellung zur Hirschkuh die Stifterinschrift. 4. Bilder für Christus: links ein Adler; in der Mitte: Hirschkuh säugt ihr Junges; rechts ein Kranich, der die Schlange – das Böse – besiegt.
(Nach Franz Glaser, Frühes Christentum im Alpenraum. Regensburg/Graz 1997, S. 138 ff)

Frühchristliches Mosaik mit Vorgängen aus der Natur, die christlich interpretiert werden (um 500 n.Chr.)

Die Sakramente

Sakramente sind symbolische Handlungen der Kirche. In ihnen kommt in Zeichen sichtbar und »leibhaftig« erfahrbar das erlösende Wirken Gottes für die Menschen zum Ausdruck, durch das sie heil, »heilig« werden sollen. Sie sind nicht nur äußere Rituale mit einem bestimmten Symbolgehalt. Nach katholischer Überzeugung bewirken sie real, was sie bezeichnen (zum Beispiel im Sakrament der Buße: Gemeinschaft mit Christus und Vergebung der Sünden).

Die Sakramente als Zeichen der Liebe Gottes

Die Siebenzahl der Sakramente wurde für die katholische Kirche nach jahrhundertelangen theologischen Diskussionen und Reflexionen in Abgrenzung zu den Reformatoren auf dem Konzil von Trient (16. Jh.) endgültig definiert.[7] Entscheidend für die Anerkennung als Sakrament war die »Einsetzung durch Christus«, das heißt der Bezug des Sakraments zum Leben und Wirken Jesu Christi, zu seinem heilenden Umgang mit den Menschen, zu seinem Tod am Kreuz und zu seiner Auferstehung. Was Jesu Zeitgenossen damals unmittelbar erfahren haben, wird auch dem Menschen heute in den Sakramenten vermittelt. Denn im Tiefsten ist der Auferstandene selbst »im Heiligen Geist« der Handelnde bei der Spendung des Sakraments.

Neben den einzelnen konkreten Sakramenten hat das Zweite Vatikanische Konzil (20. Jh.) auch eine übergreifende Sicht von Sakramentalität entfaltet. Denn das Wesen eines Sakraments besteht darin, dass es die Liebe Gottes in Zeichen erfahrbar macht. Dann ist Jesus Christus als Mensch gewordener Sohn Gottes *das* Sakrament, das sogenannte Ursakrament. Die Kirche aber ist gemäß ihrem Selbstverständnis selbst sichtbares Zeichen seiner bleibenden Gegenwart unter den Menschen und Symbol der Einheit der Menschen mit Gott und untereinander. Sie ist so ebenfalls von sakramentalem Charakter und vollzieht diese Sakramentalität in den einzelnen sakramentalen Handlungen.

◄ *Taufbecken in Kreuzform mit Symbolen der vier Evangelisten (20. Jh.). Genauere Erläuterung siehe S. 33*

Die Taufe

Die Taufe ist das Sakrament der Aufnahme in die Kirche und so Voraussetzung für den Empfang der anderen Sakramente. Der Täufling wird hineingenommen in den Tod Christi und mit ihm zu neuem Leben »geboren«. Dabei wird er von der Erbsünde gereinigt und (natürlich außer bei der Taufe von Säuglingen und Kleinkindern) von seinen Sünden befreit. Als äußeres Zeichen der Taufe wird der Täufling dreimal mit Wasser übergossen und dazu die Taufformel gesprochen.[8] Gespendet wird die Taufe im Regelfall vom Bischof, von einem Priester oder Diakon. Im Notfall kann jeder Mensch (auch der Ungetaufte), der um die Bedeutung und die Form des Sakraments weiß, die Taufe spenden.

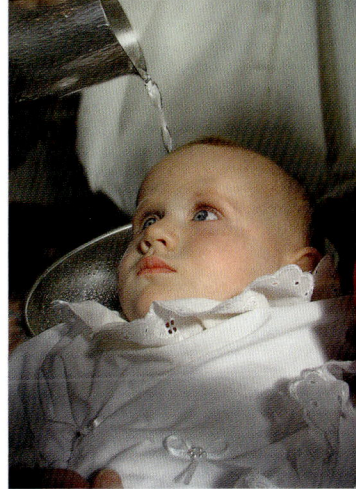

Taufe: »Ich taufe dich im Namen des Vaters, des Sohnes und des Heiligen Geistes«

Die Firmung

Der Firmkandidat oder die Firmkandidatin wird bei der Firmung mit dem Heiligen Geist besiegelt – wodurch die Aufnahme in die Kirche vollendet wird. Normalerweise wird das Sakrament der Firmung im Jugendalter gespendet. Äußere Zeichen der Firmung sind die Salbung mit Chrisamöl, die Handauflegung und die Firmungsformel. Spender der Firmung ist normalerweise der Bischof oder im Ausnahmefall ein von ihm speziell beauftragter Priester.

Firmung: »Sei besiegelt durch die Gabe Gottes, den Heiligen Geist«

Das Weihesakrament

Durch das Weihesakrament werden Männer in den Stand des Diakons, des Priesters bzw. des Bischofs aufgenommen. Das eine Sakrament wird also in drei Stufen gespendet, wobei zwischen den einzelnen Weihestufen eine bestimmte Zeit liegen muss. Im Weihesakrament kommt der spezielle Auftrag Jesu Christi an einen Menschen, den er in seine besondere Nachfolge berufen hat, zum Ausdruck. Als Zeichen der Weihe werden dem Kandidaten die Hände aufgelegt und ein Weihegebet gesprochen. Vollzogen wird die Weihe von Diakonen und Priestern vom zuständigen Diözesanbischof, die Bischofsweihe von mehreren Bischöfen.

Priesterweihe: Der Bischof legt dem Weihekandidaten die Hände auf

Taufstein; restauriert
aus Relikten der
Spätgotik (15. Jh.)

Die Eucharistie – das Altarsakrament

Wie die Taufe der Anfang, so ist das Sakrament der Eucharistie »Mitte und Ziel« aller übrigen Sakramente. Inhalt des
Sakraments der Eucharistie oder des Altarsakraments, wie
es auch genannt wird, ist die Vergegenwärtigung des

Kreuzesopfers Christi sowie die Gemeinschaft (»Kommunion«) mit ihm im heiligen Mahl unter den Gestalten von Brot und Wein. Es stiftet Gemeinschaft unter denen, die am Mahl Jesu teilnehmen und das Gedächtnis seines Todes und seiner Auferstehung begehen.

Zeichen der Eucharistie sind die sichtbaren Gestalten von Brot und Wein, über denen der Priester die Wandlungsworte gesprochen hat (das sind jene Worte, mit denen Jesus beim Letzten Abendmahl seinen Jüngern Brot und Wein gereicht hat – siehe auch das Kapitel *Die heilige Messe*). Das Sakrament wird vom Bischof oder einem Priester gefeiert und gespendet, weil sie allein aufgrund ihres Amtes die Vollmacht besitzen, die Eucharistiefeier an Christi Statt zu leiten und mit Brot und Wein die Heilige Wandlung zu vollziehen. Zur Austeilung der Kommunion können auch entsprechend geschulte Laien beauftragt werden.

Eucharistie: »Nehmet und esset«

Die Beichte – das Bußsakrament

In der Beichte wird die Vergebung der Sünden zugesprochen und von Gott geschenkt. So wird die Verbundenheit des Menschen mit Gott, mit sich selbst, mit den Mitmenschen, mit der Kirche und der ganzen Mitwelt (Schöpfung) erneuert. Denn diese Verbundenheit wurde durch die Sünde gestört. Die Beichte ist nach katholischem Verständnis verpflichtend für alle schweren Sünden, die nicht durch eine andere Form der Buße getilgt werden können (z.B. durch den Bußakt am Beginn der heiligen Messe oder durch Werke der Nächstenliebe). Das Sakrament der Buße ist keine Bestrafung, sondern dient der Heilung und Heiligung.

Die Zeichen des Bußsakraments sind die Reue des Beichtwilligen, das aufrichtige und vollständige Bekenntnis seiner Sünden, seine Bereitschaft zur Genugtuung (Buße) und die Lossprechungsworte des Priesters. Gespendet wird das Bußsakrament von einem Bischof oder einem Priester, der dazu eine vom Bischof erteilte besondere oder allgemeine Beichtvollmacht haben muss.

Die Beichte – das Sakrament der Versöhnung: »Ich spreche dich los von deinen Sünden«

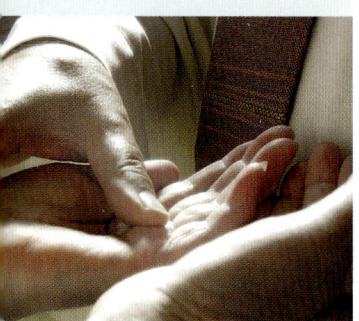

Krankensalbung: »Durch diese heilige Salbung helfe dir der Herr in seinem reichen Erbarmen«

Ehe: »Trag diesen Ring als Zeichen unserer Liebe und Treue«

Die Krankensalbung

Sie soll kranke Menschen durch den Beistand Gottes stärken.[9] Zum Zeichen der Krankensalbung wird der Kranke auf der Stirn und auf den Händen mit gesegnetem Öl gesalbt und dabei das Salbungsgebet gesprochen. Die Krankensalbung kann nur von einem Priester gespendet werden.

Die Ehe

In der ehelichen Gemeinschaft zwischen Mann und Frau wird die erlösende Liebe Christi und die Treue Gottes erfahrbar: Daher wird das Eheversprechen auf Dauer – »solange ich lebe« – gegeben.

Das Sakrament der Ehe spenden sich die beiden Eheleute gegenseitig, indem sie einander ihren Ehewillen erklären (das Ja-Wort geben). Auf diese Weise schließen sie einen Bund, der ihr Leben lang dauern soll. Dieses Sakrament ist also nicht auf den Zeitpunkt der Trauung beschränkt. Vielmehr ist die eheliche Liebe der Eheleute in der Gesamtheit der Ehe eine sichtbare Verkündigung des Ehesakraments. Der anwesende Geistliche »assistiert« den Brautleuten im Namen Gottes und im Auftrag der Kirche, indem er ihr Ja-Wort entgegennimmt und ihnen den Segen der Kirche zuspricht.

Zusammenhänge

Taufe, Firmung und Weihe sind Sakramente, die *nur einmal* im Leben empfangen werden können, weil sie ihre Empfänger in ihrer Existenz grundlegend wandeln (»unauslöschlich besiegeln«). Dieses Siegel kann ein Katholik also auch durch schwere Sünde oder Kirchenaustritt nicht verlieren.

Eucharistie, Bußsakrament und Krankensalbung sind *lebensbegleitend*. Sie nähren, erneuern und stärken das Leben im Glauben. Wegen ihrer Bedeutung für eine christliche Lebensgestaltung ist der regelmäßige Empfang der Eucharistie und des Bußsakraments (wenigstens einmal jährlich, nämlich zu Ostern) von der Kirche sogar ausdrücklich geboten.

Die Ehe ist nach katholischer Überzeugung unauflöslich, die Eheschließung erfolgt *auf Lebenszeit*. Daher kann man kein zweites Mal heiraten, solange beide Ehepartner am Leben sind.

Taufe, Firmung und die erste Eucharistie bilden gemeinsam das eine *Initiationssakrament* (lateinisch »initiatio« = den Anfang machend, Einführung). Durch sie wird ein Mensch in die Kirche eingegliedert. In der Urkirche wurden sie auch als einheitliches Sakrament betrachtet und in einer Feier zusammen gespendet. Als später die Praxis der Kleinkindertaufe die Regel wurde, hat man zumindest in der westlichen Hälfte des Römischen Reichs begonnen, die Salbung nach der Taufe erst den Herangewachsenen zu spenden. Man interpretierte dies als Bestätigung (lateinisch »firmare« = bestärken) der Taufgnade. Ebenso wurde die erste Kommunion zu einem späteren Zeitpunkt gereicht, wenn das Kind in der Lage war, zwischen einer gewöhnlichen Speise und der Eucharistie zu unterscheiden. Im 8./9. Jahrhundert wurde die Firmung als eigenes Sakrament für die westliche Kirche anerkannt.[10] Erwachsene empfangen aber die drei Stufen des Initiationssakraments auch heute noch auf einmal.[11]

Wissenswertes zum Bild auf S. 26

Das Taufbecken in Kritzendorf

Dieses zeitgenössische Taufbecken greift auf antike Vorbilder zurück. In drei Stufen – »Im Namen des Vaters, des Sohnes und des Heiligen Geistes« – steigt der Täufling in das Taufwasser hinab, das so zum Grab für den alten Menschen wird, aus dem der neue, der getaufte Mensch emporsteigt. Deutlich sichtbar ist das Kreuz als Grundmotiv. Die Mosaiken an den Rändern stellen die vier Evangelisten dar, auf deren Schriften der Glaube des Getauften wie auf einem Fundament aufruht. Durch diese Auffüllung der Ecken ist insgesamt die Form des Achtecks angedeutet, die seit alters her typische Form des Taufbeckens. Denn in sieben Tagen hat Gott die Welt erschaffen, der achte Tag (symbolisch betrachtet: der Tauftag) verweist über diese Weltzeit hinaus, an ihm geschieht neue Schöpfung.

Taufbecken in Kreuzform mit Symbolen der vier Evangelisten (20. Jh.)

Die heilige Messe

Die heilige Messe ist die wichtigste gottesdienstliche Feier der Christen.[12] Sie ist Vergegenwärtigung des Kreuzesopfers Christi, Gedächtnisfeier des Todes und der Auferstehung Jesu und Vorausblick auf das himmlische Gastmahl am Ende der Zeiten. Die versammelte Gemeinde erfüllt durch die Messe Jesu Auftrag, den er beim Letzten Abendmahl den Aposteln erteilt hat. Dort reichte er ihnen in den Gestalten von Brot und Wein seinen Leib und sein Blut als sichtbare Zeichen seiner Hingabe und lud sie ein, davon zu essen und zu trinken.[13] Christen, die die heilige Messe feiern, werden mit Jesus Christus und in ihm auch untereinander zu einer Gemeinschaft verbunden. Die äußere Gestalt der katholischen Messfeier hat sich im Laufe der Geschichte immer wieder geändert. Die aktuell gültige Gestalt wurde nach dem Zweiten Vatikanischen Konzil Ende der 1960er-Jahre festgelegt.

Gemeinsamer Gesang
zu Beginn

◀ *Die Gemeinde versammelt sich am Sonntag mit Priester, Diakon und Ministranten zur Feier der Messe*

Der Aufbau der Messe

Eröffnung

Einzug *begleitet von einem Eröffnungslied; Verehrung des Altars*

Kreuzzeichen und Begrüßung der Gemeinde

Bußakt *mit dem allgemeinen Schuldbekenntnis*

Kyrie-Rufe *»Herr, erbarme dich«*

Gloria *mehrteiliges Lobgebet an den dreifaltigen Gott; wird in der Regel an Sonntagen (außer in der Advents- und Fastenzeit) und an hohen Festen gebetet*

Tagesgebet

Die Eröffnung dient dazu, dass die Menschen, die sich zur heiligen Messe versammelt haben, äußerlich und innerlich ankommen und sich bereiten.
Die Menschen haben – jede und jeder mit ganz unterschiedlichen Voraussetzungen und Erwartungen – ihren Alltag

verlassen und sind zu einer gemeinsamen Feier zusammengekommen. Die räumliche (und geistige) Schwelle, die sie dabei überschritten haben, wird unter anderem auch dadurch vollzogen, dass sie sich beim Betreten der Kirche von dem Weihwasser am Kircheneingang nehmen und sich damit bekreuzigen.

Nach der **Begrüßung** kann der Priester auch eine kurze Einführung geben – besonders, wenn die Messe einen bestimmten Anlass oder ein bestimmtes Thema hat.

Zur Einstimmung und Bereitung gehört es, sich all den Ballast, den man mit sich bringt, bewusst zu machen und sich möglichst davon zu lösen. Hier ist auch von Ungereimtheiten, ja Schuld und Sünde zu reden – jedoch nicht, um die Menschen zu entmutigen, sondern damit sie sich befreien lassen. So wird Erlösung erfahrbar und Gottesbegegnung möglich.

Im **Tagesgebet** – auch Collecta genannt – werden allgemeine und besondere, auch aktuelle Anliegen »gesammelt« und vor Gott gebracht. Viele Tagesgebete sind das Resultat einer jahrhundertelangen theologischen Tradition, jedes Wort in ihnen ist gewichtig. Den meisten von ihnen ist auch anzumerken, dass sie sehr alt sind. Ihr sprachlicher Ausdruck kann so eine Herausforderung für heutiges Denken und Beten sein.

Wortgottesdienst

Eine oder zwei Lesungen und Zwischengesang

Abschnitte aus dem Alten Testament, den neutestamentlichen Briefen, der Apostelgeschichte oder der Offenbarung des Johannes; zwischen den Lesungen wird ein Antwortpsalm gesungen

Ruf vor dem Evangelium　　*in der Regel Halleluja-Ruf (außer in der vorösterlichen Bußzeit)*

Wortgottesdienst: »Wort des lebendigen Gottes«

Lesung eines Abschnittes aus einem der vier Evangelien

Homilie (Predigt) *kann an Werktagen entfallen*

Glaubensbekenntnis *in der Regel nur an Sonntagen und zu hohen Festen*

Allgemeines Gebet (»Fürbitten«)

Es ist ein Verdienst des Zweiten Vatikanischen Konzils, die Bedeutung der **Gottesbegegnung in der Lesung der Heiligen Schrift** wieder entdeckt zu haben. Dieses Konzil spricht vom »Tisch des Brotes« und vom »Tisch des Wortes«, die untrennbar zusammengehören. Das heißt, das Hören und Aufnehmen der biblischen Texte, vor allem des Evangeliums, schenkt wie der Empfang von Leib und Blut Christi Kommunion (lateinisch »communio«) – Gemeinschaft mit Christus. Deshalb gehört zu einem angemessenen Kirchenraum heute möglichst auch ein Lesepult, der Ambo.

In seiner Grundstruktur kommt im Wortgottesdienst die theologische Überzeugung zum Ausdruck, dass die einzelnen Bibelstellen einander gegenseitig interpretieren. Bei Wochentagsmessen gibt es vor dem Evangelium nur eine Lesung, sonntags sind zwei **Lesungen** vorgesehen, meist je eine aus dem Alten und eine aus dem Neuen Testament.

Höhepunkt und Mitte des Wortgottesdienstes ist die **Verkündigung des Evangeliums.** Es wird mit besonderer Feierlichkeit vorgetragen – manchmal wird es sogar gesungen. Außerdem kann es auch eine Prozession geben, bei der das Evangelienbuch feierlich mit Weihrauch und Kerzen zum Ambo getragen wird.

Die **Homilie (Predigt)** soll das Gehörte vertiefen. Das **Glaubensbekenntnis** und das **Allgemeine Gebet** (die sogenannten **Fürbitten**) sind – schon von ihrer Stellung im Wortgottesdienst her – die Antwort der versammelten Gemeinde auf das zuvor empfangene Wort Gottes. Dabei ist vor allem in den Fürbitten darauf zu achten, dass auch die Anliegen der Weltkirche, der notleidenden Menschen und aktuelle Probleme zur Sprache gebracht werden, und nicht nur private Bitten und Sorgen.

Eucharistiefeier: »Tut dies zu meinem Gedächtnis«

Eucharistiefeier

Gabenbereitung   *Herbeibringen der Gaben (Brot und Wein), Zurüstung des Altares, Händewaschung, Gabengebet*

Hochgebet   *anderer Name: Kanon*

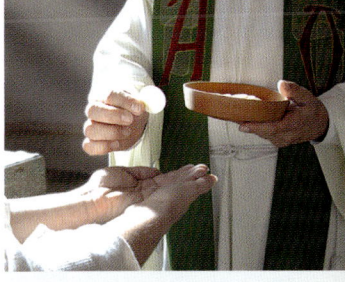

- Präfation   *von lateinisch »prae fari« – feierlich proklamieren*
- Sanctus   *Heilig-Gebet oder -Lied*
- Wandlung   *Der Priester spricht die Worte, die Jesus im Abendmahlssaal gesprochen hat, und wandelt Brot und Wein so in Leib und Blut Christi.*

»Der Leib Christi« – »Amen«

- besondere, traditions-geprägte Gebete   *abschließend ein Lobpreis (»Doxologie«) und ein Amen der Gemeinde*

Kommunionfeier

- Vaterunser
- Friedensgruß
- Brechung des Brotes   *mit Gesang oder Gebet des Agnus Dei (lateinisch für »Lamm Gottes«)*
- Austeilung der Kommunion
- Besinnung und Danklied/-gebet
- Schlussgebet

»Das Blut Christi« – »Amen«

Die Eucharistiefeier ist der dritte Abschnitt bzw. der zweite Hauptteil der heiligen Messe. Eucharistiefeier ist heute die am häufigsten gebrauchte Bezeichnung für die heilige Messe als Ganzes. Der Begriff stammt aus dem Griechischen und bedeutet **Danksagung**. Denn jede heilige Messe, sei es an einem Sonntag, bei der kirchlichen Trauung oder bei einem Begräbnis, ist eine Danksagung an Gott: vor allem für die Erlösung, die er in seinem Sohn geschenkt hat und die in der Messe vergegenwärtigt und gefeiert wird.

Mitte und Herzstück des Hochgebets ist die **Wandlung**, in der der Priester an Christi Stelle dessen Worte aus dem Letzten Abendmahl spricht. Danach ruft der Priester (seit der jüngsten Liturgiereform): »Geheimnis des Glaubens« – und die Gemeinde antwortet: »Deinen Tod, o Herr, verkünden wir, und deine Auferstehung preisen wir, bis du kommst in Herrlichkeit.« Was die Gemeinde in der Messfeier feiert, ist immer auch Vorausblick auf die Wiederkunft Christi am Ende der Zeiten.

Die Wandlung ist gerahmt von den **Lob- und Bittgebeten** des Hochgebets. Die Worte, die dabei gesprochen werden, stammen zum Teil aus dem zweiten Jahrhundert nach Christus und zählen somit zum ältesten Traditionsgut der Kirche. Im derzeitigen Messbuch sind vier Hochgebete für die Feier der heiligen Messe vorgesehen.

Die **Kommunion** selbst ist schließlich der spirituelle Höhepunkt der Messfeier, in dem die Gläubigen im Empfang von Leib und Blut Christi in Brot und Wein Christus leibhaftig begegnen. In der katholischen Kirche empfangen die Gläubigen – im Unterschied zum Priester – meist nur das heilige Brot (die Hostie als Leib Christi), nicht aber den heiligen Wein. Dies hat historische Gründe. Denn nach katholischer Lehre ist der Leib Christi auch in einer der beiden Gestalten ganz gegenwärtig und wird so auch in der heiligen Hostie vollgültig empfangen. Die Kirche verlangt, dass diejenigen, die zur Kommunion gehen, dies in vollem Ernst und in der rechten inneren Verfassung tun sollen. Sie sollen also vor Gott »würdig sein«.

Reinigung der Gefäße nach der Kommunion

Segen und Entlassung der Gemeinde

Der Abschluss der Messfeier soll schließlich wieder eine Brücke in den Alltag der Menschen bilden: »in die Welt hinaus, ins Leben ...« (aus der Deutschen Messe von Franz Schubert).

Der gereinigte Kelch mit
Hostienschale und Kelchtuch

Weiterführende Erläuterungen

Die heilige Messe ist eine gemeinsame Feier der versammelten Gemeinde und darüber hinausgehend eine Feier, in der
immer von der jeweiligen Gemeinde vor Ort die Gesamtkirche repräsentiert wird. Jedem Teilnehmenden kommt seine
Aufgabe zu. Unter anderem kommt diese Gemeinschaft (lateinisch »communio«) auch darin zum Ausdruck, dass die
Gebete der heiligen Messe meistens in der Wir-Form gefasst
sind, auch jene, die vom Priester stellvertretend für alle vor-

getragen werden (so das Tagesgebet oder das Hochgebet). Die individuelle Bedeutung und Beteiligung zeigt sich bei jenen Gebeten, die der oder die einzelne Gläubige in der Ich-Form spricht: das Schuldbekenntnis, das Credo oder die Bitte um einen würdigen Empfang der heiligen Kommunion: »Herr, ich bin nicht würdig, dass du eingehst unter mein Dach – aber sprich nur ein Wort, so wird meine Seele gesund.« Hier muss jede und jeder für sich selbst einstehen vor Gott und in der Glaubensgemeinschaft der Kirche.

Messfeiern werden innerhalb des Kirchenjahres auch zu vielen besonderen Anlässen gehalten. Vor allem ist es zum Beispiel üblich, die heiligen Sakramente wie Taufe, Erstkommunion, Firmung, Eheschließung oder Priesterweihe im Rahmen einer heiligen Messe zu spenden. So kommt die besondere Bedeutung der heiligen Eucharistie in Verbindung mit den anderen Sakramenten zum Ausdruck.

Historisch betrachtet werden aus den Texten und Riten der heiligen Messe in vieler Hinsicht die jüdischen Wurzeln des Christentums sichtbar. Die Evangelisten Matthäus, Markus und Lukas schildern das letzte Abendmahl, an das die Messe erinnert, als ein jüdisches Paschamahl. Zahlreiche Gebete der Messe enthalten Zitate aus dem Alten Testament. Andere Elemente verdanken sich eher der »heidnischen« Umwelt und nehmen Anleihen bei antiken Gepflogenheiten: Der Kyrie-Ruf war ursprünglich ein an bestimmte Gottheiten oder an den Herrscher gerichteter Huldigungsruf. Der Weihrauch war im Hofzeremoniell als Ehrung hoher Beamter üblich und spielte auch im Kaiserkult eine große Rolle. Nach dem Ende der blutigen römischen Christenverfolgungen gelangte der Weihrauch in die christliche Liturgie, um Jesus Christus in seiner vielfältigen Gegenwart zu ehren.

In der katholischen Eucharistiefeier werden Hostien verwendet, das sind in der Regel dünne Fladen, die aus Wasser und Mehl gebacken und dann in Kreisform gestanzt sind. Für den Wein wird bei der Messe nicht Rotwein, sondern Weißwein verwendet. Die Winzer, die diesen Messwein herstellen, müssen sich mit einem Eid zu absoluter Naturreinheit verpflichten, denn dem Messwein dürfen keine Zusatzstoffe beigemischt werden.

Auch Laien gestalten die heilige Messe mit, hier bei der Lesung

Die am meisten bekannten Reformen, die auf das Zweite Vatikanische Konzil zurückgehen, betreffen die Feier der heiligen Messe. Dabei hat das Konzil selbst Grundsätzliches festgelegt – die konkreten Ausführungen wurden nach dem Konzil gemäß seiner Grundsätze erarbeitet. Manches wurde dabei neu interpretiert oder für die Praxis weitergedacht. Das hat dazu geführt, dass die konkrete Form der nachkonziliaren heiligen Messe bis heute bei einigen Katholiken nicht unumstritten ist. Ein Vorwurf, der auch außerhalb der Kirche erhoben wurde, lautete, die Eucharistiefeiern nach dem Zweiten Vatikanum hätten an Feierlichkeit, an Mystik und an kirchlicher Spiritualität verloren. Zu den Änderungen dieser vatikanischen Reform zählen:

- **Unterstützung der gemeinsamen Teilnahme aller Mitfeiernden** – im Unterschied zur vorkonziliaren Messe, die vorrangig Tun des Priesters war, der die Messe zelebrierte. Zu diesem Zweck wurde auch die Feier in der Muttersprache eingeführt. Latein blieb zwar die offizielle Sprache der katholischen Liturgie, in der Praxis wurde sie in kürzester Zeit von der »volkssprachlichen Liturgie« ersetzt.

- **Vereinfachung der Riten:** z.B. Entfernung von Dopplungen wie etwa das sogenannte Schluss-Evangelium.

- **Erschließung der Heiligen Schrift für die Gemeinde:** Dazu wurde für den Wortgottesdienst eine Leseordnung eingerichtet, nach der in einem Zyklus von drei Jahren die Auswahl der Bibelstellen, die vorgelesen werden, geregelt ist. Für die Messfeier an Werktagen sieht die Leseordnung einen Zweijahreszyklus vor.

Die Hostien sind dünne Oblaten aus einem Gemisch von Wasser und Mehl

- **Wiederentdeckung des Mahl-Charakters** der heiligen Messe: Die heilige Messe ist nicht nur die »unblutige Erneuerung« und Vergegenwärtigung des Kreuzesopfers Christi, wie früher vor allem betont wurde (deshalb sprach man auch hauptsächlich von der Feier des heiligen Messopfers). Sie ist auch und wesentlich das gemeinsame Mahl der Gemeinde, in dem Christus zugleich Gastgeber und Speise ist. Dies kam nach dem Konzil auch dadurch zum Ausdruck, dass der Altar, an dem die heilige Messe mit der Gemeinde gefeiert wird, »in« die Gemeinde gestellt wurde, sodass die gemeinsame Feier des heiligen Mahles wieder deutlicher erlebt wird.

Die Kirche als Gebäude

Wo Christen sich zur heiligen Messe und zum gemeinsamen Gebet (Liturgie) versammeln, entstehen christliche Kulträume – die Kirchen.[14] Durch die Weihe des Bischofs werden sie zu heiligen (sakralen) Räumen und Orten. Das heißt, sie sind aus dem weltlichen Zusammenhang herausgenommen. Kirchen als »Gotteshaus« laden auch außerhalb der »offiziellen« Feiern zur Begegnung mit Gott und zum persönlichen Gebet.

Die Gestaltung des Kirchenraumes

Blick in den Altarraum der Pfarrkirche Meidling

Eine Kirche besteht in der Regel aus einem Bereich (Kirchenschiff), in dem sich die Gemeinde als Volk Gottes zum Gottesdienst versammelt, und aus einem Bereich, in dem der Bischof oder der Priester sich versammeln, um die Liturgie zu leiten und mit der Gemeinde zu feiern (Altarraum, auch: Presbyterium, Chorraum).

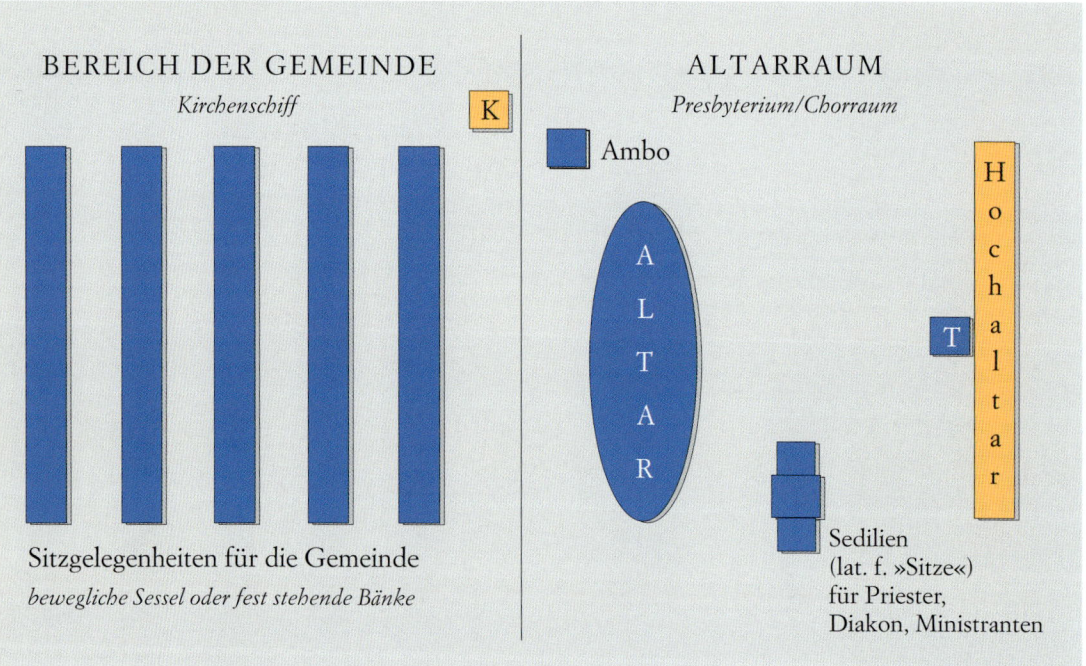

Schematische Darstellung des Kirchenraums. Die Elemente in Blau gehören zur Grundaussattung eines Kirchenraums heute (K = Kanzel, T = Tabernakel)

Dort befinden sich auch der **Ambo** (Lesepult) und der **Altar** (Abendmahlstisch). Sie entsprechen in dieser Form den beiden Hauptteilen der heiligen Messe – Wortgottesdienst und Eucharistiefeier.

Die Gestaltung von Ambo und Altar kann sehr unterschiedlich aussehen: Steht – wie in der Grafik und auf den Bildern zu sehen – der Altar der Gemeinde (»dem Volk«) zugewandt, spricht man von einem **Haupt- oder Zelebrationsaltar.** (landläufig, wenn auch nicht ganz zutreffend, »Volksaltar« genannt). Die Blickrichtung des Priesters, der die Messe mit der Gemeinde feiert, ist zur Gemeinde hin gerichtet.

Bis zur jüngsten Liturgiereform war es üblich, dass der Priester mit dem Rücken zum Volk, am **Hochaltar** an der Stirnwand des Altarraumes, die Messe feierte. Dieser Altar war meistens hoch aufragend und oft kunstvoll geschmückt. Ein Hochaltarbild zeigt meistens ein Bild des Kirchenpatrons, jenes Heiligen also, dem die Kirche geweiht ist.

Bei der Weihe eines jeden Altars wird in dessen Tischplatte ein Stück einer Märtyrer-Reliquie eingelassen. In dieser Geste wird die Kontinuität des liturgischen Feierns bis zurück zu den Anfängen der Kirche sichtbar. Außerdem erinnert dieses Zeichen an die ersten christlichen Jahrhunderte, als man Kirchen bevorzugt über den Gräbern von Märtyrern errichtete. Man war davon überzeugt, dass diese Blutzeugen Gott besonders nahe sind.[15]

Viele ältere Kirchen besitzen darüber hinaus an den Seiten oder in Seitenkapellen sogenannte **Seitenaltäre.** Sie werden heute nur mehr in Ausnahmefällen zu Messfeiern genutzt.

Darüber hinaus braucht eine katholische Kirche einen **Tabernakel**. Das ist ein verschließbarer kleiner Schrank oder Schrein für die würdige und sichere Aufbewahrung der gewandelten Hostien, die von der Kommunionausteilung übrig geblieben sind. Nach katholischem Glauben ist in ihnen Christus leibhaftig und bleibend gegenwärtig.

Der (auch: das) Tabernakel steht heute meistens als eigenes Bauelement an einer Seite des Altarraums. In die alten Hochaltäre war der Tabernakel als deren Mittelpunkt kunstvoll integriert, wie es auch auf dem Foto des Hochaltars rechts zu sehen ist.

Hauptaltar und Ambo in einem gesamtheitlich modernen Konzept des Altarraums (1986)

Hauptaltar und Ambo, das barocke Ambiente nachahmend

Barocker Hochaltar mit Tabernakel (um 1730)

Tabernakel (um 1700) mit Ewigem Licht

Barocke Kanzel (1743) mit Schalldeckel und Heiligenfiguren

Beichtstuhl im Stil der Neugotik (19. Jh.); der Priester sitzt in der Mitte

Ist der Tabernakel in Gebrauch – befinden sich also »konsekrierte« (gewandelte) Hostien im Tabernakel –, so wird dies durch das sogenannte **Ewige Licht** angezeigt. Dabei handelt es sich um ein ständig brennendes Kerzen- oder Öllicht, meist in einer Ampel.

Seitlich im Altarraum steht gewöhnlich ein Tischchen, die sogenannte **Kredenz (Anrichte)**. Auf ihr werden etwa Kelch und nicht konsekrierte Hostien abgestellt, bevor sie zur Eucharistiefeier an den Altar gebracht werden.

Die **Kanzel** gibt es vor allem noch in älteren Kirchen. Sie diente zur Verlesung des Evangeliums und zur Predigt. Für gewöhnlich befand sie sich am Übergang vom Altarraum zum Kirchenschiff oder ganz im Kirchenschiff. Kanzeln sind baulich erhöht und meistens mit einem Schalldeckel versehen. So sorgten sie in Zeiten ohne Mikrofon und Verstärkeranlage dafür, dass die Gläubigen den Priester gut hören und sehen konnten. Heute werden solche Kanzeln gelegentlich noch benutzt, wenn die Kirche so gefüllt ist, dass eine Predigt von einem erhöhten Platz zweckmäßig erscheint. Ansonsten wird die Rede »von oben herab« eher als »abkanzeln« und als nicht mehr zeitgemäß empfunden.

In vielen Kirchen findet man **Beichtstühle** für die Spendung des Bußsakraments. Sie stehen meistens an der Seite oder im Eingangsbereich. Im Zuge der Reform der Bußordnung (1973) wurden auch eigene Aussprachezimmer für die Beichte eingerichtet.

Taufsteine oder **Taufbecken** dienen zur Spendung der Taufe. Es gibt für sie keinen definierten Ort. In letzter Zeit wird die Bedeutung der Taufe auch dadurch hervorgehoben, dass der Taufstein an möglichst zentraler Stelle und deutlich im Blickfeld der Gläubigen aufgestellt wird.[16]

Am Eingang einer Kirche befindet sich – innen oder außen – ein (meist steinernes) – **Weihwasserbecken**. Es lädt dazu ein, beim Betreten und Verlassen der Kirche die Finger in das gesegnete Wasser zu tauchen und sich damit zu bekreuzigen. Damit werden die Christen an ihre Taufe erinnert, durch die sie mit Christus verbunden und in die Gemeinschaft der Kirche aufgenommen worden sind. Es soll durch dieses Zeichen auch bewusst werden, dass man eine besondere Schwelle überschreitet.

Kleinere Weihwassergefäße findet man auch in Häusern und Wohnungen von Katholiken.

Größere Kirchen verfügen mitunter auch noch über ein unteres, kellerartiges Gewölbe, **Krypta** (d.h. das Verborgene) genannt. Diese Räume sind meistens als Grablege für bedeutende Persönlichkeiten wie z. B. für die Kirchenstifter eingerichtet worden. Sie enthalten aber in der Regel auch die für eine Messfeier erforderliche Ausstattung. Man spricht deshalb auch von »Unterkirchen«. Krypten strahlen häufig eine besondere Atmosphäre aus.

Taufstein, restauriert aus spätgotischen Bruchstücken (15. Jh.)

Weihwasserbecken am Kircheneingang

Die Krypta im Dom zu Gurk (1174) mit dem Grab der heiligen Hemma von Gurk

Weitere Aspekte des Kirchenraums

- Die Grafik auf S. 46 gibt nur einen groben Überblick, weil sie nicht auf die zahlreichen verschiedenen **Baustile** und die historischen Entwicklungen eingeht. Aufgrund dessen können Kirchen sehr unterschiedlich gestaltet sein. In älteren Kirchen haben oft mehrere Baustile ihre Spuren hinterlassen. Die genannten Grundelemente einer Kirche sollten aber immer vorhanden sein.

- Traditionell sind Kirchen meistens mit Altar und Chorraum **Richtung Osten** errichtet, also »geostet«. Denn im aufgehenden Licht der Sonne erblickt man symbolisch den auferstandenen Christus.

- Als **Kapelle**[17] bezeichnet man kleinere Sakralräume, die zum Beispiel zu einem Krankenhaus, auf dem Land zu einem größeren Bauernhof oder zu einem Schulgebäude gehören oder die einem bestimmten religiösen Zweck (z.B. Wallfahrts- oder Jägerkapellen) gewidmet sind.

- Das **Baukonzept** einer Kirche lässt Rückschlüsse auf die »mit erbaute« Theologie der Messe zu. Wurde z.B. die gemeinsame Feier von Priester und Gemeinde betont, ist der Übergang vom Kirchenschiff in den Altarraum fließend gestaltet. Mitunter sind die Kirchenbänke sogar rund um den Altar angeordnet. Wollte man die Heiligkeit der priesterlichen Zeremonien hervorheben, wurden zwischen Kirchenschiff und Altarraum Schranken, Stufen, Vorhänge, Gitter, manchmal sogar Mauern errichtet.

- Seit dem Zweiten Vatikanischen Konzil sind **Hauptaltäre** allgemein vorgeschrieben – das sind Altäre, die auf das Kirchenschiff, auf die Gemeinde, das Volk Gottes, ausgerichtet sind. Dies entspricht der durch das Konzil eingeführten »Missa ad populum versus« (die zum Volk gewandte Messe). Nach alter kirchlicher Tradition steht ein solcher Hauptaltar symbolisch für Jesus Christus selbst. Denn er ist der wahre Altar, die Mitte der christlichen Gemeinde. Von daher ist auch verständlich, warum der vom Bischof geweihte Hauptaltar nach dem Kirchenrecht nicht beliebig »beweglich« aufgestellt werden kann. Er muss seinen festen Platz im Kirchenraum haben und behalten.

Wenn das Licht durch besonders gestaltete Fenster fällt, trägt es bei zur meditativen Grundstimmung in der Kirche

- In protestantischen oder evangelischen Kirchen kommt der Versammlungs- und Predigtcharakter des Gottesdienstes zum Ausdruck. In orthodoxen Kirchen fällt die Ikonostase ins Auge – eine mit Ikonen gestaltete Wand –, hinter der die eucharistischen Zeremonien für die Gläubigen nicht sichtbar von den Geistlichen vollzogen werden.

Das Missale (Messbuch) enthält alle Gebete der heiligen Messe

Liturgische Geräte und Ausstattung

Die wichtigsten Gegenstände einer Kirchenausstattung sind das **Messbuch** (Missale), das **Lektionar** (Buch mit den Texten für die Schriftlesungen aus der Heiligen Schrift), die **Hostienschale,** der **Kelch** sowie die **Gefäße für Wein und Wasser.** Sie sind für die Feier der Messe erforderlich.

Im **Messbuch** (lateinisch »Missale«) stehen die Grundform der heiligen Messe sowie die Gebete der Messe. Denn die Texte der Messe sollen nicht beliebig frei formuliert werden. Vielmehr sollen sie den Vorgaben entsprechen, die weltweit in der katholischen Kirche gelten und im Messbuch niedergeschrieben sind. Denn jede Messe ist Feier der Gesamtkirche, die durch die konkrete Gemeinde repräsentiert wird.

Hostienschale mit Hostien und Kelch

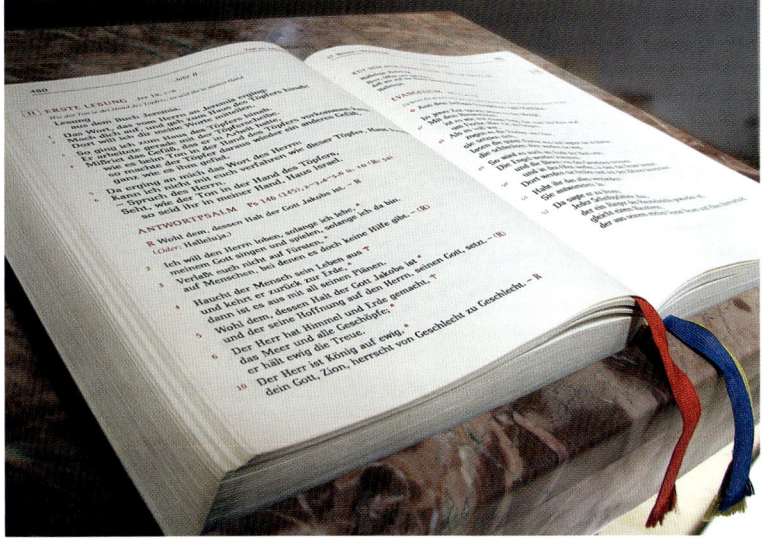

Gefäße für Wasser und Wein – dem Wein wird bei der Gabenbereitung ein wenig Wasser beigemengt

Lektionar auf dem Ambo, es enthält die Lesungen, Antwortgesänge und das Evangelium

Die Altarglocken machen die Gemeinde auf den Zeitpunkt der Wandlung aufmerksam

Das Aspergill wird zum Besprengen mit Weihwasser verwendet

Wie Weihrauch sollen auch die Gebete der Gläubigen aufsteigen

Schließlich ermöglicht diese Regelung den Katholiken die Mitfeier der Messe in jeder beliebigen katholischen Kirche auf der Welt – auch wenn man die Sprache vielleicht nicht oder nur teilweise beherrscht.

Aus dem Mittelalter, als der Altarraum durch eine deutliche Schranke abgetrennt wurde, hat sich die Sitte erhalten, wichtige Momente der Messe durch ein Klingelzeichen anzuzeigen (z.B. wenn die gewandelte Hostie und der Kelch nach der Wandlung hochgehoben werden). Dazu werden **Altarglocken** (Schellen) verwendet.

Außerhalb der heiligen Messe findet der **Weihrauch** unter anderem bei Prozessionen mit dem Allerheiligsten, bei Begräbnissen und bei der Segnung von Menschen und Gegenständen Verwendung. Auch Weihwasser wird zum Beispiel bei Begräbnissen und Segnungen gebraucht. Entsprechende Geräte fehlen daher in keiner Kirche: der **Weihwasserkessel** und das **Aspergill** (von lateinisch »asper-

Barocker Orgelprospekt und im Hintergrund eine Festorgel (1642)

In der Monstranz wird Christus in Gestalt des Brotes zur Anbetung ausgesetzt

Das Vortragskreuz (18. Jh.) wird bei Prozessionen den Gläubigen vorangetragen

gere« = besprengen) und das **Weihrauchfass** mit dem **Schiffchen** (Gefäß für die Weihrauchkörner).

Monstranzen (von lateinisch »monstrare« = zeigen) werden verwendet, um Jesus Christus in der Gestalt des gewandelten heiligen Brotes (das sogenannte Allerheiligste) für die feierliche Anbetung »auszustellen«. Sie sind häufig von hohem künstlerischen Wert und aus edlen Metallen gefertigt.

Priester in Mantelalbe mit Stola

Der Priester im Messgewand (Kasel)

Das **Vortragskreuz** – kunstvoll oder schlicht gestaltet – wird auf einer langen Stange bei Prozessionen vorausgetragen. Schließlich muss auch die **Orgel** erwähnt werden, jenes Musikinstrument, das für die musikalische Gestaltung der christlichen Liturgie allgemein Verwendung gefunden hat. Da ihre vielen verschiedenen Pfeifen zahlreiche Variationen in Instrumentation und Klang zulassen, heißt sie auch die »Königin der Instrumente«. Es gibt Kirchen, in denen sogar mehrere Orgeln aufgestellt sind.

Kirchliche Gewänder

Die **Gewänder**, die der Priester und seine liturgischen Assistenten in der Liturgie tragen, gehören auch zur Ausstattung einer Kirche. Die Frage, welches Gewand zu welchem Anlass gehört, ist bedeutsam, da auch die liturgische Kleidung den Sinngehalt der Feier zum Ausdruck bringen soll. Sie richtet sich einerseits nach der Art der liturgischen Feier, nach dem Stand, dem der Träger des Gewandes angehört (Bischof, Priester, Diakon, Laie), nach der liturgischen Rolle (Vorsteher der liturgischen Feier, Lektor, Ministrant) sowie nach der Zeit im Kirchenjahr (Farbe). Wir beschränken uns als Beispiel auf die Bekleidung des Priesters, der eine heilige Messe feiert.

Die reguläre Kleidung des Priesters für die heilige Messe entspricht der altrömischen Kleiderordnung und besteht aus Albe, Stola und Messgewand. Die **Albe** (lateinisch »alba« = weiß) ist ein langes, weißes Überhemd. Sie wird meistens mit einem weißen Stoffseil, dem Zingulum, um die Taille zusammengerafft. Die **Stola** ist eine Art Schal, der um den Hals – über der Albe – getragen wird. Die Stola symbolisiert die priesterliche Amtsgewalt. Sie wird in der liturgischen Farbe der Zeit im Kirchenjahr (siehe S. 73) getragen.

Darüber wird das **Messgewand** (Kasel, lateinisch »casulae« = das Häuschen) angezogen. Entstanden ist dieses Obergewand aus einem als Wetterschutz getragenen Überwurf, der später als festliches Gewand galt. Im Laufe der Zeit entstanden unterschiedliche Formen. So werden etwa die schweren, verkürzten barocken Messgewänder wegen ihrer Gestalt

Ein Priester im barocken Ornat (Rückenansicht)

Ein Priester im barocken Ornat (Vorderansicht)

umgangssprachlich scherzhaft »Bassgeige« genannt. Auf den Messgewändern, die wie die Stola in der jeweiligen liturgischen Farbe gehalten sind, sind oft religiöse Symbole oder Bilder aufgebracht.

Neben dieser »offiziellen« priesterlichen Kleidung für die heilige Messe ist heute häufig eine einfachere Variante zu sehen. Sie besteht aus der sogenannten **Mantelalbe**, über der die Stola außen getragen wird.

Das

Kirchenjahr

Im Laufe eines Jahres versammelt sich die christliche Gemeinde regelmäßig, um ihren Glauben festlich zu feiern. Sie gedenkt dabei der Heilstaten, mit denen Gott das Heil der Menschen gewirkt hat, vor allem durch die Geburt, den Tod und die Auferstehung seines Sohnes Jesus Christus. Die feste und regelmäßige Abfolge dieser Festtage und Feiern ist über die Jahrhunderte hinweg aus kirchlicher Praxis und theologischer Reflexion gewachsen und wird als Kirchenjahr bezeichnet. Die letzte grundlegende Reform hat das Kirchenjahr nach 1965 in der Folge des Zweiten Vatikanischen Konzils erfahren.

Das Kirchenjahr im Überblick

Im Zentrum der Erlösung der Menschen durch Gott steht die Auferstehung Christi – was im Kirchenjahr auf zweierlei Weise zum Ausdruck kommt:

- Weil Christus gemäß der christlichen Überlieferung am Ostersonntag auferstanden ist, bildet die wöchentliche Feier des Sonntags das Grundgerüst des Kirchenjahres.[18]
- Mitte und Höhepunkt des Kirchenjahres ist die Feier des Osterfestes. Sie wird entfaltet in einer vierzigtägigen Vorbereitungszeit (vom Aschermittwoch bis zur Karwoche) und dann in den fünfzig Tagen der Osterzeit (vom Ostersonntag bis zum Pfingstfest) und erstreckt sich somit über mehrere Wochen.

Daneben gibt es den Weihnachtsfestkreis.[19] In ihm wird gefeiert, dass Jesus, der Sohn Gottes, Mensch geworden ist. Dem Weihnachtsfestkreis geht als Vorbereitungszeit der Advent voraus, der ungefähr vier Wochen dauert.

Innerhalb des weihnachtlichen und des österlichen Festkreises sind die einzelnen Sonntage inhaltlich besonders geprägt. Das erkennt man vor allem an der Auswahl der biblischen Lesungen, aber auch an der Farbe der kirchlichen Gewänder und an einigen typischen Bräuchen.

Die Wochen außerhalb dieser beiden großen Festkreise werden »die Zeit im Jahreskreis« genannt.

Das Kirchenjahr beginnt am 1. Adventsonntag und endet mit dem Samstag nach dem Christkönigssonntag.

◀ *Prozessionen an den großen Feiertagen zählen zu den Höhepunkten des Kirchenjahres*

Der Weihnachtsfestkreis

Advent

Vier Adventsonntage

Beginnt am Sonntag nach dem 26. November und
endet mit dem Heiligabend

24. Dezember

Heiligabend
Letzter Tag des Advent, mit Sonnenuntergang
Beginn der Weihnachtszeit

Weihnachtszeit

Der Engel kündigt Maria
die Geburt Jesu an
(um 1520)

25. Dezember

Hochfest der Geburt des Herrn, auch *Christtag*
genannt

26. Dezember

Fest des heiligen Stephanus
(erster christlicher Märtyrer)

Sonntag nach Weihnachten

Fest der Heiligen Familie

1. Januar

Oktavtag (8. Tag) des Weihnachtsfestes
Hochfest der Gottesmutter Maria

6. Januar

Hochfest der Erscheinung des Herrn – Epiphanie
Volkstümlich: *Fest der Heiligen Drei Könige*

Sonntag nach Epiphanie

Fest der Taufe Jesu
Ende der Weihnachtszeit und zugleich 1. Sonntag
im Jahreskreis

Die Geburt Jesu (um 1490)

Bei der Bestimmung der heiligen Zeiten im Kirchenjahr hat sich die frühe Kirche größtenteils an einer jüdischen Tradition orientiert: Demnach beginnt ein Fest immer am Vorabend mit Sonnenuntergang. Eine besonders bekannte Form der Vorabendfeier ist die abendliche Weihnachtsfeier im Familienkreis an **Heiligabend.** Wenn es auch nicht immer so gehalten wird, so ist sie doch gedacht als Einstimmung auf die Christmette, die »eigentliche« Weihnachtsfeier, in der Kirche. Der **24. Dezember** gehört als solcher bis zum Sonnenuntergang zum Advent – mit Sonnenuntergang beginnt Weihnachten.

In der Bibel ist kein Datum der Geburt Jesu genannt. Ein Geburtsfest Jesu entstand erst relativ spät; ab dem 3. Jahrhundert gab es den Festtermin am 6. Januar im Osten. Der **25. Dezember** ist weströmischen Ursprungs und wird ab dem 4. Jahrhundert greifbar: Statt des heidnischen Festes des »Sol invictus«, des unbesiegten Sonnengottes, das in Rom zur Zeit der Wintersonnenwende begangen wurde, feierten die Christen Jesus Christus als das wahre Licht der Welt. Für den **6. Januar** entwickelte sich das »Fest der Erscheinung des Herrn« (Epiphanie). Inhalt dieses Festes ist weniger die leibliche Geburt Jesu, sondern vielmehr die Offenbarung seiner Herrlichkeit vor der Welt. Man feierte deshalb zugleich die Ankunft der sternkundigen Weisen aus dem Morgenland (aus denen später wegen ihrer drei Gaben Gold, Weihrauch und Myrrhe die Heiligen Drei Könige wurden und dem Fest zu seinem volkstümlichen Namen »Dreikönig« verhalfen), die Taufe Jesu im Jordan und das Auftreten Jesu bei der Hochzeit zu Kana. Denn in den »Königen« erblickte man die Vertreter aller Völker, die herbeigekommen waren, um Jesus, ihrem neuen König, zu huldigen. Bei der Taufe Jesu stellte die Stimme Gottes ihn selbst als »meinen geliebten Sohn« vor; und die Verwandlung von Wasser zu Wein in Kana war nach dem Zeugnis des Johannesevangeliums das erste Zeichen, mit dem Jesus selbst seine Herrlichkeit vor den Menschen offenbarte.

Im 4. Jahrhundert verbreitete sich in der gesamten Kirche die Feier der Geburt an beiden Festtagen, dem 25. Dezember und dem 6. Januar, mit jeweils unterschiedlichen Akzenten. Wenn heute Teile der Ostkirche das Weihnachtsfest erst mit dem 6. Januar beginnen, so liegt dies daran, dass sie

Anbetung der Könige
an der Krippe Jesu
(um 1520)

ihr liturgisches Jahr noch nach dem alten julianischen Kalender ausrichten, der gegenüber unserem Kalender, dem gregorianischen, um zwei Wochen »nachgeht«.

Bis zum Zweiten Vatikanischen Konzil dauerte der Weihnachtsfestkreis bis zum **2. Februar**. Das ist der 40. Tag nach der Geburt Christi, an dem Maria nach der jüdischen Sitte die Reinigungszeremonie der Wöchnerinnen absolvierte und für ihren erstgeborenen Sohn im Tempel das Erstgeburtsopfer darbrachte. Das Fest »Darstellung des Herrn« (Mariä Lichtmess) gibt es im Kalender noch heute. Es fällt aber nun nicht mehr in den Weihnachtsfestkreis, sondern in die Zeit des Jahreskreises (siehe S. 67). Dennoch belässt man vor allem auf dem Land in vielen Kirchen nach altem Brauch den Weihnachtsschmuck bis zum 2. Februar.

Besondere Bräuche des Weihnachtsfestkreises

Sonntag für Sonntag wird eine weitere Kerze am Adventkranz entzündet

Adventkranz

Die Vierzahl der Kerzen symbolisiert die vier Adventssonntage. Das Grün der Zweige bezeichnet die Hoffnung, die runde Form des Kranzes deutet wie ein Ring auf die Treue (Gottes) hin. Die Kerzen sind traditionell entweder naturweiß oder rot (für die Liebe Gottes) oder nach der liturgischen Farbe des Advent violett.

Manchmal wird die dritte Kerze durch die Farbe Rosa hervorgehoben. Denn der dritte Adventssonntag – er hieß früher Gaudete (lateinisch für »freuet euch«) – ist bereits von der Vorfreude auf das nahe Weihnachtsfest geprägt und erhellt.

Fest des heiligen Nikolaus

6. Dezember

Am 6. Dezember wird der Gedenktag des heiligen Nikolaus gefeiert. Nikolaus lebte im vierten Jahrhundert und war Bischof von Myra in Kleinasien. Um seine Gestalt ranken sich viele Legenden, die von seiner Freigebigkeit und Hilfsbereitschaft erzählen.
Der Nikolaustag ist der ursprüngliche Tag des heimlichen Beschenkens. Zu diesem Fest gehen mancherorts als Nikolaus verkleidete Männer von Haus zu Haus und verteilen Gaben. Die Sitte, dabei den Kindern »ins Gewissen zu reden« und sie »aus dem Katechismus« auszufragen, stammt aus der Zeit nach dem Konzil von Trient (16. Jh.).

»Sankt Nikolaus, komm auch in unser Haus!«

Christbaum – Weihnachtsbaum

Der geschmückte Weihnachtsbaum ist ab etwa 1600 in Straßburg bekannt und wird zunächst eher in adeligen und wohlhabenden Häusern aufgestellt. Seit fast zweihundert Jahren ist er ein fester Bestandteil des bürgerlich-familiären Weihnachtsbrauchtums. Erst nach dem Zweiten Weltkrieg ist er zunehmend zum vordergründigen Dekorationsstück auf Straßen und in Geschäftshäusern geworden. Er wird vielfach als Lebensbaum gedeutet und weist so in christlich-religiöser Hinsicht auf Jesus Christus hin.

Das Licht der Kerzen in dunkler Nacht: Symbol für die Menschwerdung des Erlösers

Weihnachtskrippe

Älter als der Weihnachtsbaum ist die Weihnachtskrippe. Der heilige Franz von Assisi hat 1223 in einer Höhle bei Greccio die Krippenszene von Betlehem mit lebenden Tieren nachgestellt. Figürliche Darstellungen sind ab dem 15./16. Jahrhundert belegt. Im Alpenraum sind die Weihnachtskrippen häufig aus Holz geschnitzt und kleine Meisterwerke der Volkskunst. In vielen Familien sind sie – mehr als der Weihnachtsbaum – Mittelpunkt der weihnachtlichen Feierlichkeiten.

Die Weihnachtskrippe: »Ihr werdet ein Kindlein finden, in Windeln gewickelt und in einer Krippe liegend« (Lk 2,12)

Sternsinger
6. Januar

An Epiphanie (und in den Tagen davor) verkleiden sich Kinder oder Erwachsene als Heilige Drei Könige, sie ziehen von Haus zu Haus und verkünden die Weihnachtsbotschaft. Auf die Türen der Häuser und Wohnungen schreiben sie die Segensformel »Christus segne das Haus/die Wohnung« (lateinisch »Christus Mansionem Benedicat«, kurz: C + M + B) und die Jahreszahl. Sie sammeln auch Geld für kirchliche Sozialprojekte in Afrika, Asien und Südamerika.

Volkstümliche Bräuche zum Weihnachtsfest

Das Weihnachtsfest – Fest der Geburt Christi, des Lichts der Welt – fällt (zumindest in Europa) auch in die dunkelste, kälteste Zeit des Jahres. Die Dunkelheit, der Winter und die Sorgen rund um den Wechsel in ein neues, unbekanntes Jahr macht vielen Menschen auch heute noch Angst. Daher gibt es rund um Weihnachten allerhand Bräuche: häusliche Rundgänge mit Weihrauch und nächtliche Kerzen sollen das Böse vertreiben, Gottes Segen erbitten und die Dunkelheit erleuchten; verschiedene Los-Bräuche drehen sich um die Vorhersage der Zukunft.

In irgendeiner Form gibt es aber auch in vielen Kulturen die Sitte, einander aus Freude über die Geburt Christi Geschenke zu machen. Vorbild sind hier die Gaben der Heiligen Drei Könige.

Eine Sternsinger-Gruppe auf ihrem Weg

Der Osterfestkreis

Christus als Sterbender und hoheitsvoller Erlöser zugleich (romanisches Kruzifix, um 1170)

Österliche Bußzeit

Die Bußzeit, auch Fastenzeit genannt, dauert 40 Tage. Die sechs Fastensonntage werden dabei nicht mitgezählt, weil ein Sonntag nicht Fasttag sein kann. Die Fastenzeit beginnt am Aschermittwoch und endet mit dem Karsamstag.

Karwoche

Palmsonntag
Gründonnerstag
Karfreitag
Karsamstag

Osterzeit

Die Osterzeit beginnt mit der Feier der Osternacht in der Nacht zum Ostersonntag. Sie dauert 7 × 7 Tage und endet am 50. Tag mit dem Pfingstfest.

Ostersonntag

Hochfest der Auferstehung des Herrn

Weißer Sonntag

2. Sonntag der Osterzeit, Oktavtag (8. Tag) des Osterfestes
danach weitere fünf Sonntage der Osterzeit

Christi Himmelfahrt

Hochfest am 40. Tag nach Ostern

Pfingsten

Hochfest der Sendung des Heiligen Geistes am 50. Tag nach Ostern

Der Auferstandene, mit Wundmalen und Siegesfahne (18. Jh.)

Der Heilige Geist
kommt auf die Apostel
herab (12. Jh.)

Die Kirche betrachtet die österlichen Liturgien von der Feier des Letzten Abendmahls am Gründonnerstag bis zur Vesper (Abendgebet) des Ostersonntags als die eine **»Feier der Drei österlichen Tage«** und Höhepunkt des Kirchenjahres.

Der **Ostersonntag** ist der Sonntag nach dem ersten Frühjahrsvollmond. Nach diesem Datum werden die weiteren Festtage der Fasten- und Osterzeit festgelegt.

Nur der **Aschermittwoch** und der **Karfreitag** sind vorgeschriebene Fasttage, an denen auf den Verzehr von Fleisch und Genussmitteln verzichtet und nur eine sättigende Mahlzeit eingenommen werden soll. An den übrigen Tagen der österlichen Bußzeit ist es der »freien Verantwortung« der Gläubigen überlassen, wie sie dem Aufruf zu Fasten, Gebet und Werken der Nächstenliebe Folge leisten.

Besondere Bräuche und Riten des Osterfestkreises

Austeilung des Aschenkreuzes

Aschermittwoch

In der liturgischen Feier des Aschermittwochs wird Asche gesegnet. Mit ihr wird den Gläubigen – als uraltes Zeichen der Umkehr und Buße – ein Kreuz auf die Stirn gezeichnet. Die Asche für den Aschermittwoch wird meist aus den verbrannten Palmzweigen des Vorjahres bereitet.

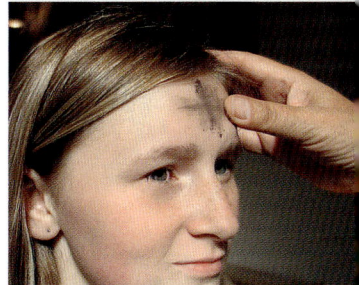

»Bedenke, Mensch,
dass du Staub bist und wieder
zum Staub zurückkehren wirst«

Fastentücher

Seit dem Mittelalter existiert der Brauch, den Altar (oder auch den ganzen Altarraum) während der Fastenzeit zu verhüllen. Dazu wurden zum Teil kunstvolle Fastentücher angefertigt, die häufig Gestalten und Geschichten aus der Bibel und vor allem Elemente aus der Leidensgeschichte Jesu darstellen.

Jesus der Auferstandene
(Detail aus einem Fastentuch,
1530)

Das spätgotische
Fastentuch lädt zur
Betrachtung der Bibel ein
(1530)

Kreuzwegandacht

In vierzehn kurzen Andachten (»Stationen«) wird der Leidensweg Jesu nachvollzogen: von der Verurteilung durch Pilatus bis zur Grablegung. In vielen Kirchen sind die Kreuzwegstationen als Bilderfolge oder durch Statuengruppen bildlich dargestellt.

Besonders eindrucksvoll ist das traditionelle Kreuzweggebet des Papstes am Karfreitag auf dem Kolosseum in Rom.

Palmweihe
Palmsonntag

Am Beginn der Liturgie werden am Palmsonntag Palmzweige (im Alpenraum meistens blühende Weidenruten) gesegnet. Sie werden von den Menschen in einer Prozession zur Kirche getragen. So vollziehen sie den Einzug Jesu in

Volkstümliche Kreuzwegstationen am Fuß des Ulrichsbergs bei Karnburg (Kärnten)

Jerusalem nach. Auf dem Land sind diese Zweige oft zu kunstvollen »Palmbuschen« gebunden und geschmückt. Es ist auch Brauch, die Palmzweige für die Fruchtbarkeit auf die Felder zu tragen oder zum Schutz vor Gefahren im Haus aufzubewahren oder zu verbrennen.

Die Palmbuschen werden am Palmsonntag im Gottesdienst gesegnet

Heiliges Grab

Karfreitag und Karsamstag

Nach dem Karfreitagsgottesdienst wird in manchen Kirchen eine Statue, die den toten Jesus darstellt, in einem eigens bereiteten Grab symbolisch bestattet. Die Gläubigen sind eingeladen, an diesem Grab zu verweilen. Die heiligen Gräber sind bisweilen sehr aufwendig geschmückt, manchmal wird auch das Allerheiligste in der verhüllten Monstranz zur Anbetung ausgesetzt.

»Heiliges Grab«, am Karsamstag in einer Kirche aufgebaut

Volkstümliche Bräuche zum Osterfest

Ostern ist unter anderem natürlich auch das erste große Fest im Frühling. Als solches wurde es – wie auch das jüdische Paschafest – mit Bräuchen verbunden, die ursprünglich für das Wiedererwachen der Natur standen: bunt bemalte Eier, allerlei Brauchtum rund um den Hasen und manches mehr. Im Zusammenhang des christlichen Festgedankens wollen diese Bräuche die Freude der Menschen über die Auferstehung Christi unterstreichen.

Die Zeit im Jahreskreis

Die Zeit im Jahreskreis beginnt mit dem Fest der Taufe Jesu am Sonntag nach Epiphanie. Dieser Tag ist der Abschluss des Weihnachtsfestkreises und zugleich der erste Sonntag im Jahreskreis. Insgesamt zählt die Zeit im Jahreskreis 34 Sonntage und wird unterbrochen durch den Osterfestkreis. Das Christkönigsfest am 34. Sonntag im Jahreskreis ist der letzte Sonntag im Kirchenjahr.

Besondere Festtage im Jahreskreis

Darstellung des Herrn – Mariä Lichtmess
2. Februar

Darstellung des Herrn –
Jesu Eltern bringen für ihn
das Erstgeburtsopfer dar

An diesem Tag feiert die Kirche, dass Maria sich am 40. Tag nach der Geburt Jesu im Tempel der jüdischen Reinigungszeremonie für Wöchnerinnen unterzog und ihren Erstgeborenen in den Tempel brachte, um für ihn das nach dem jüdischen Gesetz vorgeschriebene Opfer darzubringen (vgl. Lk 2,22–39). Die Bibel berichtet, dass ein frommer Jude mit Namen Simeon Zeuge des Geschehens wurde und Jesus als Messias Israels und als Licht der Völker gepriesen hat, ebenso eine fromme Frau namens Hanna. Das Brauchtum ist bestimmt von verschiedenen Licht-Riten, wie etwa der Kerzenweihe in der Messe, von der auch die Bezeichnung »Lichtmess« herrührt.

Dreifaltigkeitssonntag
Sonntag nach Pfingsten

Figürliche Darstellung
der Heiligen
Dreifaltigkeit (1714)

Das Fest kommt aus einer Zeit, als man auch zum Pfingstfest einen achten Tag (Oktavtag) feierte. Dankend schaut die Kirche auf das Geheimnis der Erlösung, das »der Vater durch den Sohn im Heiligen Geist« wirkt. Damit ist der innerste Punkt des christlichen Glaubens berührt, der Glaube an den einen Gott in drei Personen, wie er auch im Glaubensbekenntnis formuliert ist.

Fronleichnam
Donnerstag nach dem Dreifaltigkeitssonntag

Die Kirche feiert an diesem Tag das »Hochfest des Leibes und Blutes Christi«, die Einsetzung des Altarsakraments. In feierlichen Prozessionen wird Christus in der Gestalt des gewandelten heiligen Brotes in einer Monstranz durch die Straßen getragen. Traditionell wird an vier Stationen unterwegs um den Segen Gottes für die Kirche, die Welt, für die Früchte der Erde und alle Bewohner des Ortes gebetet.

Hochfest der Aufnahme Mariens in den Himmel

15. August

Der höchste Marienfeiertag heißt im Volksmund auch »Mariä Himmelfahrt« oder »Großer Frauentag«. Die Gläubigen feiern, dass Maria als erster Mensch die Fülle der ewigen Verheißungen (Auferstehung mit Leib und Seele) erlangt hat. Auf dem Land werden vielerorts Kräuter gesegnet und zum Schutz vor den nun häufigeren Sommergewittern im Haus aufbewahrt oder verbrannt.

Erntedankfest

Ein Sonntag im Herbst, häufig erster Sonntag im Oktober

An Erntedank wird Gott für die Gaben der Natur und den Ertrag der Landwirtschaft gedankt.[20] Dabei wird eine Erntekrone aus Getreideähren in einer Prozession in die Kirche getragen oder gemeinsam mit Erntegaben vor dem Altar aufgebaut.

Kirchweihfest und Patrozinium

Beim Kirchweihfest handelt es sich um den Jahrestag der Weihe einer Kirche. Die volkstümlichen Namen wie »Kirmes, Kerb, Kirta, Kirchtag« zeugen davon, dass es auch ein beliebtes Volksfest ist. Ebenfalls festlich begangen wird das Patrozinium, die Feier des Namenstags des Kirchenpatrons.

Allerheiligstes in feierlich geschmückter Monstranz

Kräuter für die Segnung an Mariä Himmelfahrt

Die Feste der Kirche bieten auch für Kinder eine Menge zu erleben

Wallfahrten

Der Mensch ist sein Leben lang auf dem Weg zu Gott. Dies wird besonders bei Wallfahrten erlebbar: Menschen machen sich auf, verlassen ihre gewohnte Umgebung und nehmen die Mühen eines langen Weges auf sich. Das Ziel ist meistens ein besonderer, »heiliger« Ort. Es gibt alte Wallfahrtstraditionen zu festen Terminen, aber auch davon unabhängige, privat organisierte Wallfahrten zu bekannten Wallfahrtsorten.

Alle Heiligen huldigen der göttlichen Dreifaltigkeit (1511)

Allerheiligen
1. November

Kirche – dazu gehören auch diejenigen, die ihren Lebensweg im Tod bereits vollendet und ihr ewiges Ziel bei Gott erreicht haben. Es sind die vielen, auch namenlosen Heiligen, in denen uns die Verheißung vor Augen steht, die jedem Christen gilt. Sie alle werden am Allerheiligenfest gefeiert.

Allerseelen
2. November

Der Tag des Totengedenkens wird oft mit dem Allerheiligenfest gemeinsam begangen. Denn auch in vielen christlichen Ländern ist der 2.11. kein gesetzlicher Feiertag. Zu Allerseelen besucht man die geschmückten Gräber der Verstorbenen. In den Kirchen werden besondere Messen für sie gefeiert.

Geschmückte Grabstätten an Allerseelen

Christkönigsfest
34. Sonntag im Jahreskreis

Am Christkönigsfest wird Christus als derjenige gefeiert, der über allen irdischen Mächten und Gewalten steht. Das Fest wurde erst 1925 eingeführt. Zu dieser Zeit stand Europa gerade stark unter dem Eindruck des Endes der großen Monarchien (Österreich, Deutschland, Russland). Die großen Dik-

Christus als Pantokrator, der Herrscher über das All (um 1380)

Ungarische Wallfahrt –
geschmücktes Kruzifix

taturen wie der Kommunismus herrschten oder waren wie der Faschismus und der Nationalsozialismus im Aufstieg begriffen.

Der Christkönigssonntag ist der letzte Sonntag im Kirchenjahr. Das Kirchenjahr selbst endet mit dem Samstag vor dem ersten Adventsonntag.

Neben den angeführten Festtagen gibt es im Kirchenjahr noch eine ganze Reihe weiterer Feste. Man unterscheidet solche, die nur in bestimmten Regionen begangen werden, und solche, die in der ganzen Kirche gefeiert werden. Dabei gibt es auch Feste, die regional unterschiedlich bedeutsam wahrgenommen werden, was auch davon abhängt, ob es staatliche Feiertage sind oder nicht (so etwa das Fest der unbefleckten Empfängnis Mariens am 8. Dezember in Österreich).

Eine besondere Rolle spielen die Gedenktage der Heiligen, allen voran die Marienfeiertage und die Gedenktage der Apostel. Sie ziehen sich wie ein roter Faden durch das ganze Kirchenjahr und sind nicht selten der Anlass für besondere Feierlichkeiten und überliefertes Brauchtum.

Die liturgischen Farben

Die wechselnden Abschnitte des Kirchenjahres kommen in den liturgischen Gewändern und im Kirchenschmuck auch farblich zum Ausdruck.

Weiß bzw. Gold

Farbe Gottes, der Freude
Weihnachtszeit, Osterzeit (Ostersonntag bis Pfingsten),
Hochfeste, auch Gründonnerstag

Violett

Farbe der Buße, der Trauer
Advent, österliche Bußzeit, Allerseelen,
Begräbnisfeiern[21]

Rot

Farbe der Liebe, des Geistes, des Opfers
Palmsonntag, Karfreitag, Pfingsten, Märtyrerfeste

Grün

Farbe der Hoffnung
Zeit im Jahreskreis

Hellblau

Farbe der Gottesmutter
Feste der Gottesmutter Maria
Hellblau als liturgische Farbe sieht man nur noch selten

Rosa

Farbe der Vorfreude
dritter Adventsonntag, vierter Fastensonntag
ebenfalls nur noch selten zu sehen

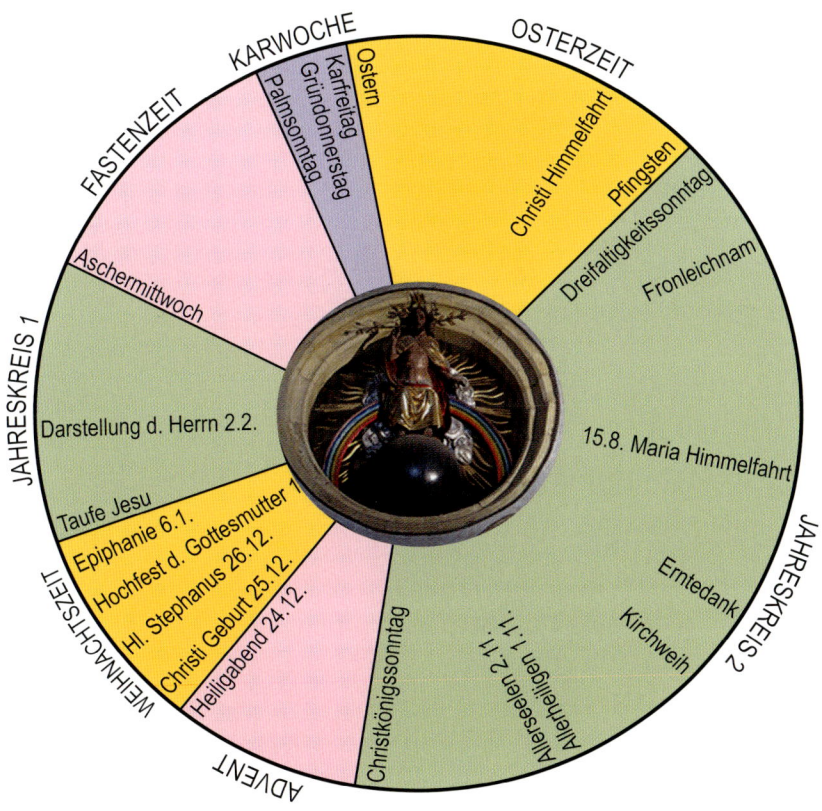

FASTENZEIT · KARWOCHE · OSTERZEIT

Palmsonntag · Gründonnerstag · Karfreitag · Ostern

Christi Himmelfahrt · Pfingsten · Dreifaltigkeitssonntag · Fronleichnam

Aschermittwoch

JAHRESKREIS 1

Darstellung d. Herrn 2.2.

15.8. Maria Himmelfahrt

Taufe Jesu

Epiphanie 6.1.

Hochfest d. Gottesmutter 1

Hl. Stephanus 26.12.

Christi Geburt 25.12.

Heiligabend 24.12.

WEIHNACHTSZEIT

ADVENT

Christkönigssonntag

Allerheiligen 1.11.

Allerseelen 2.11.

Kirchweih

Erntedank

JAHRESKREIS 2

Die
Bibel

Die Heilige Schrift der Christen – die Bibel – ist nicht ein einzelnes Buch, sondern eine Sammlung von Büchern, eine »Bibliothek zwischen zwei Buchdeckeln«.[22] In ihrer heutigen Gestalt ist sie über ein Jahrtausend zusammengewachsen. Das Wort Bibel (von griechisch »biblia«) bedeutet »Buch« oder genauer genommen »Bücher«; es geht auf die phönizische Stadt Byblos am Mittelmeer zurück, die in der Antike führend in der Produktion von Papyrus, dem Rohstoff der alten Schriftrollen, war.

Der erste Teil der christlichen Bibel, das Alte Testament, ist auch Heilige Schrift für die Juden. Die Muslime respektieren – freilich mit deutlichen Unterschieden in der Interpretation – die Bibel als bedeutendes religiöses Buch, das aus ihrer Sicht auch Judentum und Christentum zu sogenannten Religionen des Buches macht.

Gemäß christlicher Überzeugung sind die beiden Testamente der Heiligen Schrift aufeinander bezogen und erschließen sich gegenseitig. Versuche, das Gottes- und Menschenbild des Alten Testaments im Vergleich mit dem Neuen herabsetzend zu deuten, werden den beiden Teilen der christlichen Bibel nicht gerecht. So ist es auch angemessener, vom Ersten und Zweiten Testament (anstelle des Alten und Neuen) zu sprechen.

Die Zusammenstellung der biblischen Schriften

Die Schriften des **Alten Testaments** (AT) wurden im Zeitraum von ca. 1000 bis 50 v.Chr. geschrieben. Ihre Zusammenfassung und Anordnung zum Alten Testament wurde im Judentum im 2. Jh. abgeschlossen. Sie sind vor allem in Hebräisch, zu kleinen Teilen auch in Aramäisch und Griechisch verfasst. Von Bedeutung ist auch die sogenannte Septuaginta.[23] Das ist die Übersetzung der hebräischen Bibel ins Griechische, die bereits in der Antike angefertigt wurde. Für Christen und Juden ist das Alte Testament gleichermaßen Heilige Schrift. In der Fassung, wie die katholische Kirche es verwendet, besteht es insgesamt aus 46 einzelnen Büchern.

Die verschiedenen Schriften des **Neuen Testaments** (NT) wurden etwa zwischen 35 und 100 n.Chr. verfasst. Schon

Im betrachtenden Lesen der Heiligen Schrift begegnet Gott dem Menschen in seinem Wort

früh sammelte man die Schriften, und im 4. Jh. hat das Neue Testament schließlich seine heute vorliegende Gestalt gefunden. Seine Sprache ist Griechisch. Für die Übersetzung in die deutsche Sprache war die »Biblia Deudsch« (1545) durch Martin Luther bahnbrechend. Zum Neuen Testament zählen insgesamt 27 einzelne Bücher. Für die Christen gilt das Neue Testament als Heilige Schrift.[24]

Ein oft diskutiertes und in der Forschung bis heute nicht abschließend geklärtes Thema ist das genaue Alter und die Entstehungsgeschichte der einzelnen biblischen Bücher. Für die Evangelien wurde beobachtet, dass Matthäus, Markus und Lukas in Inhalt und Aufbau viele Gemeinsamkeiten aufweisen. Denn Matthäus und Lukas haben viele Textpassagen, die sich bei Markus so auch finden, sodass es scheint, dass beide Markus bereits als Vorlage ihrer eigenen Arbeit benutzen konnten. In weiteren Textpassagen stimmen Matthäus und Lukas ebenfalls teilweise wörtlich überein – vor allem bei Worten (Logien) Jesu, die sich bei Markus nicht finden.[25] Aufgrund dieser auffälligen Übereinstimmungen nennt man diese drei Evangelien die »synoptischen« (griechisch = zusammenschauend).

Das Johannesevangelium weist demgegenüber mit den anderen Evangelien weniger Berührungspunkte auf. Es ist vermutlich etwas später entstanden, in einem Umfeld, in dem es auch andere theologische Fragen zu beantworten gab.

Das Alte Testament

Das Alte Testament erzählt von den wechselvollen Erfahrungen des Volkes Israel, des »auserwählten Volkes«, mit seinem Gott Jahwe. Für Israel zeigt sich diese besondere Gottesbeziehung in seiner Geschichte.

Die Geschichte Israels

Das Alte Testament beginnt mit der sogenannten Urgeschichte. Diese besteht aus einer Reihe legendärer Erzählungen aus der Zeit, als es Israel noch nicht gab (Schöpfung, Sündenfall, Kain und Abel, Sintflut, Turmbau zu Babel).

Der Walfisch gibt den Propheten Jona nach drei Tagen wieder frei (um 1200)

Die eigentliche Geschichte[26] Israels beginnt mit den Patriarchen – das waren Oberhäupter von Nomadensippen, die in Palästina eingewandert sind. Sie erhielten von Gott die Verheißung, Stammväter des erwählten Volkes und Erben des Gelobten Landes zu werden. Das Alte Testament erzählt von der Entstehung dieses Volkes in der ägyptischen Sklaverei und von seiner Befreiung unter Mose bis hin zur Errichtung eines israelitischen Staates unter König David. Die weitere biblische Darstellung beschreibt den Zerfall dieses Königreichs, das in der Babylonischen Gefangenschaft endgültig untergeht. Schließlich wird geschildert, wie der südliche Teil des Landes als unselbstständige Provinz wieder hergestellt wird und untter wechselnden fremden Eroberungsmächten weiterexistiert.

Der Exodus – Geburtsstunde des Volkes Israel

Gemeint ist mit Exodus (griechisch »exodos« = der Auszug) die wunderbare Befreiung des wehrlosen Volkes Israel aus der ägyptischen Knechtschaft und seine Rettung vor der militärischen Übermacht der Ägypter am Schilfmeer durch Gottes rettendes Handeln: Israel kann das Meer trockenen Fußes durchqueren, während die Streitmacht des Pharao ertrinken muss.

Der Exodus ist für das Judentum bis heute neben der Babylonischen Gefangenschaft ein Kernstück seiner Erfahrungen mit Gott, seine existenzielle und geistliche Geburtsstunde. Im Exodus gründet sein Selbstverständnis als Gottes auserwähltes Volk.

Das Volk Israel durchschreitet trockenen Fußes das Meer (um 1960)

Gattungen von Büchern im Alten Testament

Es gibt im Alten Testament verschiedene Gattungen von Büchern. Allen voran (nicht nur in der Reihenfolge) – mit dem Exodus als Herzstück – steht die Tora. Sie umfasst die ersten fünf Bücher des Alten Testaments, deshalb auch Pentateuch (griechisch = »fünf Bücher«) oder die »fünf Bücher Mose« genannt:[27]

Die fünf Bücher der Tora

Für Israel gilt die Tora als seine Gründungsurkunde. Sie hat daher innerhalb des Alten Testaments eine besondere Bedeutung. Sie berichtet von den Anfängen der Welt wie auch von den Anfängen des Volkes aus den Patriarchensippen über die Volkwerdung in und nach der ägyptischen Sklaverei bis zum Bundesschluss mit Gott und der Wanderung Israels durch die Wüste ins Gelobte Land. Zur Tora gehören die Bücher:

Genesis

- Schöpfung – Urgeschichte
- danach Erzählungen über die Erwählung der Patriarchen Abraham, Isaak und Jakob sowie der »Urmütter« Sara, Rebekka, Rachel und Lea in Palästina und ihre Wanderung nach Ägypten

Exodus

- Jakobs Nachkommen in der ägyptischen Sklaverei
- das Werden des Volkes aus den zwölf Stämmen der Söhne Jakobs
- die Erwählung des Mose, die Befreiung Israels aus Ägypten und
- die Rettung am Schilfmeer
- der Zug Israels durch die Wüste zum Sinai
- der Bundesschluss Israels mit Gott
- die Verkündung der Zehn Gebote
- der Vertragsbruch Israels beim Tanz um das Goldene Kalb
- darüber hinaus: Gesetzestexte

Levitikus

- vorwiegend Gesetzestexte[28]

Numeri

- Israels vierzigjährige Wanderung in der Wüste
- darüber hinaus Gesetzestexte

Deuteronomium

- letzte Worte und Tod des Mose (er stirbt vor dem Einzug Israels ins Gelobte Land)
- vor allem Gesetzestexte

Wie aus dem Stamm eines Baumes die Zweige, so entfalten sich aus der Tora die übrigen Bücher des Alten Testaments als ihre Weiterführung und Verdeutlichung. Umgekehrt gesagt: Alle folgenden Bücher bleiben auf die Tora bezogen.[29] Zu ihnen zählen die im Folgenden genannten Bücher:[30]

Die Bücher der Geschichte des Volkes Gottes

Erzählungen von der Eroberung des Gelobten Landes nach dem Tod des Mose; die Entwicklung zur Monarchie unter David und Salomo; die Spaltung des Landes in die beiden Staaten Israel und Juda; die Zerstörung dieser Staaten durch die Assyrer bzw. die Babylonier; die Jahrhunderte der Existenz Israels als eine Provinz, die von fremden Völkern abhängig war.

Die Bücher der Lehrweisheiten und der Psalmen

Sie enthalten neben allgemein menschlichen Lebensweisheiten in Form von Lehrreden und Sprichwörtern vor allem auch poetische Schriften und die bekannten Psalmen-Gebete.

Die Bücher der Propheten

Lebensbeschreibungen und vor allem Reden jener geistbegabten Männer, die dem Volk den Willen Gottes verkündeten und es in schwierigen Phasen der Geschichte trösteten:[31] Jesaja, Jeremia, Ezechiel und viele andere. Nach biblischem Verständnis sind die Propheten keine Wahrsager, sondern meistens realitätsnahe Kritiker ihrer Zeit, die das Wort Gottes in die jeweilige Gegenwart hinein verkünden. Wenn sie Drohungen aussprechen, ist ihr Ziel gerade nicht, dass sich diese Schreckensbilder erfüllen, sondern dass sich das Volk zu Gott bekehrt und so die Bedrohung abgewendet werden kann.

Das Neue Testament

Die Schriften des Neuen Testaments erzählen die Geschichte Jesu, des Mensch gewordenen Sohnes Gottes, der die Menschen durch seinen Tod am Kreuz und seine Auferstehung erlöst hat. Darüber hinaus berichten sie von den Anfängen der jungen Kirche, die von den Aposteln nach der Himmelfahrt Jesu aufgebaut worden ist.

Schließlich schildert das Neue Testament die Ausbreitung des Christentums von Jerusalem aus in die damals bekannte Welt als Erfüllung des Sendungsauftrags des Auferstandenen an die Apostel. Es macht deutlich, wie sich das Christentum aus dem Judentum heraus entwickelt hat und bewusst auf die sogenannten Heiden zugeht.

Der auferstandene Christus entsteigt nach drei Tagen dem Grab (um 1200)

Das Leben Jesu

Das irdische Leben Jesu Christi und seine Gegenwart als Auferstandener sind die Mitte der Botschaft des Neuen Testaments.[32]

In Jesus Christus, dem Mensch gewordenen Sohn Gottes, ist die Zuwendung Gottes zu den Menschen in einer Weise erfahrbar geworden, die nicht mehr zu überbieten ist. Bei allen Unterschieden im Detail stimmen die biblischen Berichte in Folgendem überein:

Christus offenbart sich als wahrer Gott, die Hand zum Segen erhoben (19. Jh.)

- Geburt Jesu in Betlehem (vermutlich um das Jahr 4 v. Chr.)
- Kindheit und Jugend in Nazaret als Sohn einer Handwerkerfamilie
- Beginn des öffentlichen Auftretens nach der Taufe durch Johannes den Täufer im Jordan
- Sammlung eines Kreises von Jüngern und Jüngerinnen, aus ihnen Berufung von zwölf Aposteln
- Leben als Wanderprediger in Galiläa
- Heilungen und andere Zeichen (»Wunder«)
- auffallende Zuwendung zu Kranken, Schwachen und Sündern

- Betonung von Barmherzigkeit und Menschenfreundlichkeit in der Befolgung der jüdischen Gesetze
- Auseinandersetzungen mit religiösen jüdischen Gruppen (Pharisäer, Sadduzäer, Zeloten) und Autoritäten

Höhepunkt: Passion und Auferstehung

- Eskalation in Jerusalem
- Gemeinsames letztes Mahl mit den Jüngern
- Verhaftung und Verurteilung durch den Hohen Rat als Gotteslästerer
- Auslieferung an den römischen Statthalter Pontius Pilatus und Verurteilung zum Tod
- Tod am Kreuz (um das Jahr 30 n.Chr.)
- Auferstehung »am dritten Tag«

Gattungen von Büchern im Neuen Testament

Die Evangelien

Die vier Evangelien (griechisch = »Gute Nachricht«/»Frohe Botschaft«) nach Matthäus, Markus, Lukas und Johannes schildern das Leben Jesu bis hin zu seiner Auferstehung und Himmelfahrt. In vielem stimmen sie überein. Es gibt aber auch Unterschiede, die sich nicht harmonisieren lassen. Daran erkennt man, dass die Verfasser das, was ihnen selbst als Überlieferung bereits vorlag, nicht einfach abgeschrieben haben. Sie haben es vielmehr im Blick auf ihre Umgebung neu interpretiert, mit anderen Jesus-Überlieferungen verbunden und so weitergegeben.

Die Apostelgeschichte

Sie erzählt die Zeit der entstehenden Kirche. Der Text ist vom Evangelisten Lukas eigentlich als zweiter Teil seines Evangeliums verfasst worden. Der Text beginnt mit den Erzählungen von Himmelfahrt und Pfingsten. Einen großen Raum nehmen die Reisen des Apostels Paulus ein.

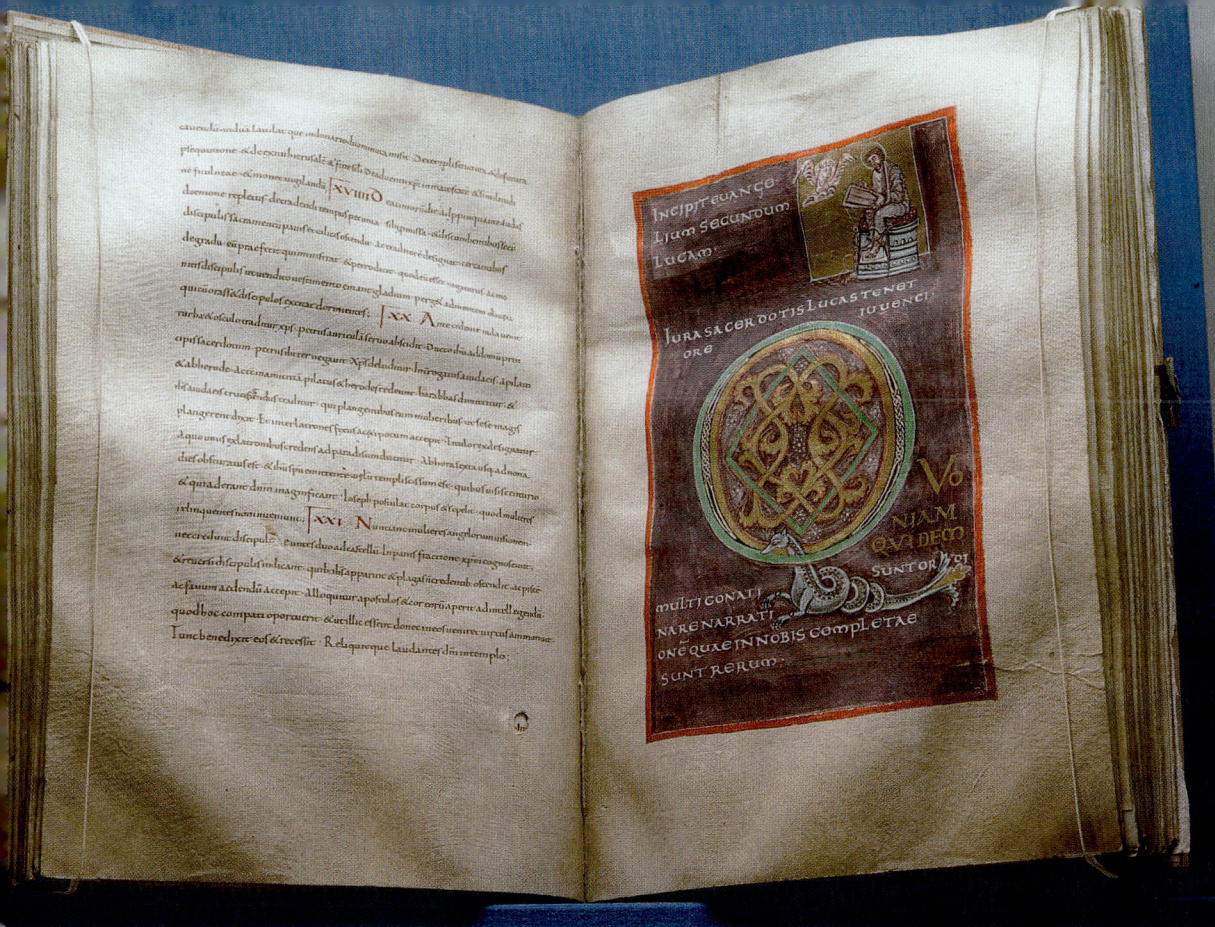

Bibelhandschrift mit dem
Beginn des Lukasevange-
liums (10. Jh.)

Die Apostelbriefe

Sie gehören zu den ältesten Texten des Neuen Testaments
(und sind älter als die Evangelien in ihrer endgültigen litera-
rischen Gestalt). Es handelt sich großteils tatsächlich um
Briefe, die von den Aposteln an die neu gegründeten christlichen Gemeinden geschrieben wurden. Die Briefe sollten
die Gemeinden im Glauben stärken oder sie in Fragen des
Zusammenlebens beraten. Jene Briefe, deren Inhalt auch für
spätere Generationen von Bedeutung schien, wurden ins
Neue Testament aufgenommen. Die wichtigsten sind die
Briefe des Apostels Paulus. Es gibt aber auch noch andere
Briefautoren. Es war in der Spätantike durchaus üblich,
einem Schreiben dadurch Autorität zu verleihen, dass man
es nicht im eigenen, sondern im Namen eines bedeutenden
Lehrers oder Apostels verfasste. So stammen einige der Pau-

lusbriefe (z.B. der Epheser- oder der Kollosserbrief) oder die Petrusbriefe vermutlich nicht von diesen beiden Aposteln selbst, sondern von ihren Schülern.

Die Apokalypse (Offenbarung) des Johannes

Dies ist das letzte Buch der Bibel. Apokalypsen (griechisch »apokalyptein« = enthüllen) sind »Enthüllungsschriften«: Ihr Inhalt sind vor allem bilderreiche Visionen. Die geschilderten schrecklichen Ereignisse sind nicht als wörtliche Voraussagen zu verstehen, sondern sollen Gottes Eingreifen am Ende der Zeiten umso machtvoller erscheinen lassen. Solche Apokalypsen sind auch im Judentum jener Zeit zu finden. Die Apokalypse des Johannes ist vermutlich als ein Trostbuch für die Christen während der Verfolgung unter Kaiser Domitian (um 90 n.Chr.) entstanden. Wie alle Werke ihres Typs ist sie sehr schwer zu verstehen und vieldeutig.

Prominente Gestalten der Bibel

Altes Testament

Adam (»der Erdling«/»der Irdische«) und Eva (»die Belebte«, auch »Mutter aller Lebenden« genannt) sind nach der Erzählung vom Paradies die ersten Menschen, die sogenannten Stammeltern. Symbolisch stehen sie für die Menschheit an sich.[33]

Noach ist die zentrale Figur der Sintfluterzählung.[34] Von Gott gewarnt, baut er eine Arche, in der er seine Familie und je ein Paar von jeder Tierart unterbringt und so vor dem Aussterben durch die Flut bewahrt.

Abraham (»der Vater der Menge«), der erste der Patriarchen, verlässt auf Gottes Auftrag hin seine Heimat, um in das Land zu ziehen, das Gott ihm verheißen hat. Deshalb verspricht ihm Gott, dass er trotz seines hohen Alters Vater eines Sohnes (Isaak) sein und so zum Stammvater des erwählten Volkes werden wird.

Adam und Eva im Paradies, im Gespräch mit der Schlange (1340)

Jakob (»der Fersenhalter«), der Enkel Abrahams, der später von Gott den Namen Israel (»der Gottesstreiter«) erhält, erschleicht sich den Erstgeburtssegen von seinem Vater Isaak. Daraufhin geht er für vierzehn Jahre ins Exil. Bei seinem Onkel Laban wird er Hirte und heiratet dessen Töchter Lea und Rahel. Sie gebären ihm zwölf Söhne, die späteren Stammväter der zwölf Stämme Israels. Nach einem nächtlichen Ringen mit Gott kehrt er zurück und versöhnt sich mit seinem Bruder Esau.

Josef, der vorletzte und bevorzugte Sohn Jakobs (Rahels Erstgeborener), erregt die Eifersucht seiner Brüder und wird von ihnen nach Ägypten verkauft. Dort besteht er große Gefahren und steigt zum hohen Beamten (Vizekönig) des Pharao auf. Er kann nicht nur Ägypten vor den Folgen einer Hungersnot bewahren. Auch seiner Familie verschafft er großzügig die Möglichkeit des Überlebens. So siedeln sich Jakob und seine Söhne nach ihrer Aussöhnung mit Josef in Ägypten an, wo aus der Sippe ein »großes« Volk wird.

Mose, ein Sohn israelitischer Sklaven, wird von seiner Mutter in einem Binsenkorb ausgesetzt. So rettet sie ihn vor dem ägyptischen Befehl, alle israelitischen Knaben zu töten. Er wird von der Tochter des Pharao aufgenommen und wächst unerkannt am Hof auf. Er wird zum Befreier seines Volkes, nachdem sich ihm der Gott Israels im brennenden Dornbusch offenbart hat. Mose führt das Volk zum Bundesschluss mit Gott an den Berg Sinai und erhält dort von Gott die Zehn Gebote. 40 Jahre führt er das Volk, das immer wieder an Gott zweifelt, durch die Wüste. Weil er selbst ebenfalls kurz an Gottes Treue gezweifelt hat, darf er das Gelobte Land nicht betreten und stirbt vor dem Einzug ins Gelobte Land.

David macht als junger Hirtenknabe durch die Tötung des riesigen Philisters Goliat auf sich aufmerksam. Nach dem tragischen Tod von König Saul, in dessen Diensten er gestanden hat, wird er selbst zum König. Er begründet das

Noach baut auf Geheiß Gottes die rettende Arche (um 1675)

Gott stellt Abraham auf die Probe: Wäre er bereit, seinen Sohn zu opfern? (1340)

Mose erhält von Gott am Berg Sinai die Zehn Gebote (1659)

König David,
der legendäre Dichter
der Psalmen (um 1730)

israelitische Großreich, macht sich aber auch als Dichter
von Gebeten (Psalmen) einen Namen. Als er sich der Frau
seines hethitischen Hauptmanns bemächtigt, wird er von
Gott bestraft. David wird in der Überlieferung zum Ideal
eines gottgefälligen Herrschers und Symbolfigur für die
Hoffnung auf den Messias, der aus dem Geschlecht Davids
stammen soll.

Salomo, ein Sohn und Nachfolger Davids als König, erbaut für Gott den Tempel in Jerusalem. Seine Weisheit ist noch heute sprichwörtlich. Unter seinem Sohn Rehabeam zerbricht die Einheit des Großreiches Davids in die beiden Teilstaaten Israel im Norden und Juda im Süden.

Ijob ist nach der gleichnamigen Lehrerzählung ein reicher Mann, der schuldlos alle seine Kinder und seinen ganzen Besitz verliert und überdies noch von schwerem Aussatz befallen wird. Er wird zum Sinnbild des Menschen, der unverständlichem und größtem Leid ausgesetzt ist, aber trotzdem nicht von Gott lässt. Er wehrt sich auch gegen die Argumentation seiner Freunde, er selbst sei daran schuld und sein Unglück sei Gottes Strafe. Am Ende erhört Gott sein Schreien und Fragen und offenbart ihm die Weisheit, die sich in der Schöpfung zeigt.

Der leidende Ijob und seine Frau (um 1503)

Neues Testament

Maria, die Mutter Jesu, stammt aus Nazaret und ist verlobt mit dem Zimmermann Josef. Mehrere Male begegnet sie im Neuen Testament an der Seite ihres Sohnes – nach dem Johannesevangelium steht sie auch unter seinem Kreuz. Laut Apostelgeschichte lebt sie nach der Auferstehung Jesu im Kreis der Jünger. Insbesondere ist sie bei der Herabkunft des Heiligen Geistes zu Pfingsten anwesend.

Zwölf Apostel (griechisch »Sendboten«) – im Neuen Testament auch kurz als »die Zwölf« bezeichnet – werden jene zwölf Männer genannt, die Jesus persönlich in seine engere Nachfolge gerufen hat,[35] um sie zum Sinnbild der zwölf Stämme des neuen Israel zu machen. Sie werden deshalb auch als Fundament der Kirche angesehen.
Gleichzeitig findet sich der Begriff »Apostel« im Neuen Testament auch unabhängig von diesem Zwölferkreis. So bezeichnet sich etwa Paulus selbst als Apostel. Apostel zu sein ist demnach eng verknüpft mit der Sendung zum Zeugnis der Auferstehung Jesu.

Maria mit dem Jesusknaben (um 1504)

Apostel Petrus mit seinem Attribut, den Schlüsseln des Himmelreiches (1714)

Petrus tritt häufig als Sprecher der Apostel auf. Als Erster erkennt er in Jesus den Messias. Deshalb wird er von ihm zum »Felsen«, zum Fundament der Kirche berufen. Obwohl er den verhafteten Jesus verleugnet, wird er zum Zeugen der Auferstehung und zum Verkünder des Evangeliums. Er stirbt unter Kaiser Nero in Rom um 65 n.Chr. durch Kreuzigung.

Apostel Paulus mit seinem Attribut, dem Schwert (1714)

Paulus war ein Jude, der die junge Kirche zunächst verfolgt hat. Auf dem Weg nach Damaskus begegnet ihm der Auferstandene in einer Erfahrung, die sein Leben »umwirft«. Paulus bekehrt sich und wird zum Verkünder des Evangeliums, vor allem unter den Heiden. Dabei legt er Wert darauf, wegen seiner Berufung durch den Auferstandenen als Apostel bezeichnet zu werden, obwohl er Jesus selbst nie begegnet ist. Auf seinen umfangreichen Reisen im Mittelmeerraum gründet er viele Gemeinden, denen er eine Reihe von Briefen schreibt. Er wird in Rom unter Kaiser Nero enthauptet.

Die
Zehn
Gebote

Die Zehn Gebote (auch: der Dekalog – griechisch = »Zehn Worte«) gelten als die Grundlage der christlich-jüdischen Ethik. Das Buch Exodus erzählt, dass Gott sie dem Mose am Berg Sinai »eigenhändig geschrieben« übergeben hat. Mose hat danach die Gebotstafeln im Zorn über Israels Glaubensabfall zertrümmert und – nach der Erneuerung des Bundes mit Gott – selbst noch einmal aufgeschrieben (Ex 31,18; Ex 32,16).

Der Text der Zehn Gebote lässt sich aus der Bibel nicht einheitlich ableiten, wie schon die vielfältige Überlieferung ihrer Abfassung zeigt. Denn schon im Alten Testament gibt es mehrere Versionen der Zehn Gebote (wobei die Zehnzahl eine nachträgliche Gliederung ist, die sich nicht direkt aus dem Text ergibt). Heutige Formulierungen versuchen zwischen diesen verschiedenen Versionen zu vermitteln und weichen bisweilen daher auch voneinander ab – besonders bei den ersten drei Geboten.

Die Interpretation der Zehn Gebote – eine fortwährende Aufgabe

Genau besehen sind die Zehn Gebote sehr allgemein gehalten. Vieles, was heute als ethische Frage diskutiert wird, wird von ihnen nicht thematisiert oder nur durch eine weiterführende Auslegung beantwortet. Daher bedürfen sie bei aller Klarheit im Einzelnen der genauen Interpretation.

Die ersten drei Gebote betreffen das Verhältnis des Menschen zu Gott. Die sieben weiteren Gebote regeln auf der Grundlage der ersten drei Gebote wesentliche Aspekte im zwischenmenschlichen Bereich.

So, wie sie in der Bibel formuliert sind, liegt ihr Hauptgewicht auf der »Befreiung«: Das Volk Israel erhält die Gesetzestafeln auf seinem Weg aus der ägyptischen Sklaverei in das Gelobte Land – und in der Einleitung begründet Gott selbst, warum sie Gültigkeit besitzen: »Ich bin Jahwe, dein Gott, der dich aus Ägypten geführt hat – aus dem Sklavenhaus« (Ex 20,1). Das heißt: Diese Gebote sollen si-

◀ Der Mose von Michelangelo (um 1513). Genauere Erläuterung siehe S. 97

cherstellen, dass aus dem von Gott auserwählten, befreiten, erlösten Volk nicht ein Volk der Unterdrücker, Ausbeuter und Sklaventreiber wird. So betrachtet waren die Zehn Gebote ursprünglich also weniger nur eine ethische Orientierung für den Einzelnen, sondern dienten der ethischen Formung des ganzen Volkes (und darin jedes Einzelnen, der dazugehört).

Du sollst keine anderen Götter neben mir haben

Das erste Gebot ist im Original sehr hart formuliert. Es fallen die viel diskutierten Worte vom eifersüchtigen Gott Israels (Ex 20,5–7), der eine Abkehr von ihm sehr streng ahndet. Es wird meist übersehen, dass dieses Gebot konkret die Religionen der Nachbarn Israels vor Augen hatte, die im Namen ihrer Götter Menschenopfer, sexuelle Ausbeutung von Frauen und die Vergötterung von Machthabern kannten. Angesichts solcher Praktiken, die der Würde des Menschen widersprechen, wird die Schärfe des Verbots plausibel. Tatsächlich hat die biblische Religion einen kulturellen und religiösen Übergang vollzogen von der Vielgötterei zum Glauben an einen einzigen Gott. Diese Errungenschaft musste konkrete Auswirkungen auf das Gesellschaftssystem Israels – Stichwort: Befreiung – haben.

Allgemein ist dieses Gebot eine Anfrage, wer oder was wirklich der Gott im Leben ist – mit anderen Worten: worauf der Mensch sein Leben baut, wovon er sich Zukunft erwartet. Ist es der lebendige Gott oder sind es materielle Dinge, Beruf, Ansehen, Karriere? Oder der Partner, die Partnerin, von der bzw. dem man »alles« verlangt, »alles« erwartet und sie oder ihn so zum Götzen macht? Man sollte auch bedenken, dass der »spirituelle Markt« heute unter dem Etikett Esoterik Praktiken anbietet, die als schrittweise Rückkehr in die Vielgötterei betrachtet werden müssen. Nach biblischem Verständnis begeben sich Menschen, die solchen Ideen folgen, in Abhängigkeiten und gefährden ihre Freiheit.

2. Gebot

Du sollst den Namen Gottes nicht verunehren

Dieses Gebot wird bisweilen nur dahingehend interpretiert, dass man nicht fluchen darf. Das greift zu kurz. In der Bibel ist der Name Ausdruck dessen, welche Bedeutung jemand oder etwas für die Menschen besitzt. Auch wir sprechen davon, dass jemand einen »guten Namen« hat oder dass er sich »einen Namen gemacht« hat. Lieben Menschen aus unserem Umfeld geben wir Kosenamen.

Die Bibel berichtet, dass der unfassbare Gott den Menschen seinen Namen bekannt gemacht hat. Das heißt, er ist für sie nennbar, ansprechbar geworden. Damit liegt es fortan auch in der Verantwortung der Menschen, in welchem Ruf er unter ihnen steht, welchen Namen er unter ihnen hat. So betrachtet verunehren alle, die etwas Unrechtes tun und sich dabei auf Gott berufen, den Namen Gottes. Alle aber, die von Gott sprechen, müssen stets darauf achten, dass sie mit ihrer Verkündigung Gott gerecht werden und ihn nicht »kleinreden«. Eine Gesellschaft, in der Gott »einen guten Namen« hat, ist eine Gesellschaft, in der auch die Würde jedes Menschen und damit seine Freiheit geachtet wird.

3. Gebot

Du sollst den Tag des Herrn heiligen

Der Tag des Herrn ist nach dem Zeugnis der Bibel (Gen 2,2–3) der siebte Tag, an dem Gott sein Schöpfungswerk vollendet hatte und selbst ruhte. Dazu hat er diesen siebten Tag gesegnet. Die Menschen sind angehalten, es ihm gleichzutun. So gehört die Sabbatruhe schon zu den festen Gewohnheiten der Juden. Die Christen haben dieses Gebot später auf den Sonntag, den Tag der Auferstehung Jesu Christi, den »Herrentag«, bezogen.

Diese sogenannte Sonntagsruhe ist heute vielfach bedroht. Produktion und Konsum fordern ihr angebliches Recht ein, Stress und Zwänge ziehen sich deutlich auch in die Freizeitgestaltung hinein. Bei der Heiligung des Herrentages geht es nicht bloß darum, dass man am Sonntag in die Kirche geht – und den Rest des Tages verbringt wie jeden anderen Tag der Woche. Denn »heilig« bedeutet ursprünglich »für Gott reserviert oder ausgesondert«. Die Heiligung des Sonntags meint also ein Heraustreten aus dem Trott des Alltags, um einen Tag exklusiv vor und mit Gott zu sein, um erfüllte Zeit zu erleben. Jedes Gespräch, jeder Spaziergang in der Natur, jedes inspirierende Lachen kann an einem geheiligten Tag zum Hinweis auf die Nähe des Schöpfers werden. Denn er will, dass der Mensch seiner Würde gemäß in Freiheit lebt und reift. Dazu gehört auch das Freisein von den Zwängen der Arbeit und des Konsums.

Du sollst Vater und Mutter ehren

4. Gebot

Der Respekt im Umgang mit Vater und Mutter ist ein wesentlicher Kern dieses Gebots. Die Begründung für dieses Gebot lautet in der Bibel: »... damit du lang lebst in dem Land, das der Herr, dein Gott, dir gibt« (Ex 20,12).« (Ex 20,12) Dahinter steht das Wissen, dass jede Generation in ihrem Umgang mit den Alten jene Gesellschaft gestaltet, in der sie selbst einmal alt und hilfsbedürftig sein wird.
Das vierte Gebot darf aber nicht gegen die Kinder ausgespielt werden. Denn im Unterschied zu vielen anderen Religionen kennt die Bibel den Ahnenkult nicht, in dessen Folge die Jungen in ständiger Furcht vor den Alten, die Lebenden in Furcht vor den Toten sind.

Du sollst nicht töten

5. Gebot

Du sollst nicht die Ehe brechen

6. Gebot

Du sollst nicht stehlen

7. Gebot

Du sollst kein falsches Zeugnis ablegen

8. Gebot

Diese Gebote 5 bis 8 sprechen für sich selbst. Unser heutiges Verständnis von ihnen ist allerdings im Vergleich zur biblischen Vorlage ziemlich verallgemeinernd. Denn die Bibel verbietet zum Beispiel im fünften Gebot ursprünglich nicht jede Tötung (etwa in Notwehr), sondern nur das Morden – also die vorsätzliche Tötung eines Menschen. Im achten Gebot beziehen sich die biblischen Worte auf die falsche Zeugenaussage bei Gericht, denn der Meineid ist ein Angriff auf das Funktionieren der Rechtsprechung und somit auf die Gesellschaft als Ganze. Hier kommt der gesamtgesellschaftliche Akzent der Zehn Gebote zum Ausdruck.

9. Gebot — Du sollst die Frau deines Nächsten nicht begehren

10. Gebot — Du sollst das Hab und Gut deines Nächsten nicht begehren

Diese letzten beiden Gebote unterscheiden sich deutlich von den vorangehenden. Es fällt auf, dass nach den Anweisungen der Gebote 5 bis 8, die sich auf konkrete Handlungen beziehen, nun mit dem Begehren eine innere Einstellung angesprochen ist.

Die moderne Kulturwissenschaft (René Girard) hat gezeigt, dass alle Gewalttätigkeit unter Menschen ausgeht von dem verhängnisvollen Konflikt, dass der eine etwas haben will, was ein anderer bereits hat. In diesem Sinne fassen die beiden letzten Gebote die anderen zusammen und bringen sie nochmals auf den Punkt: im Blick darauf, was den Menschen im Innersten antreibt.

Das wichtigste (erste) Gebot von allen

Im Neuen Testament wird berichtet, dass ein Schriftgelehrter an Jesus herangetreten ist mit der Frage, welches das wichtigste Gebot von allen sei (Mk 12,28–34). Jesus nennt zwei Gebote aus der Tora: »Du sollst den Herrn, deinen Gott, lieben mit ganzem Herzen und ganzer Seele, mit all deiner Kraft« (aus dem zentralen Bekenntnis der Juden zu ihrem einzigen Gott in Dtn 6,4 f) sowie »Du sollst deinen Nächsten lieben wie dich selbst« (aus Lev 19,18 – dieses Gebot steht nach der Anordnung des Textes in der Mitte der Tora). In diesem Doppelgebot der Gottes-, Nächsten- und Selbstliebe gründen demnach alle Einzelvorschriften der biblischen Ethik. Im Markusevangelium wird erzählt, dass der jüdische Schriftgelehrte der Antwort Jesu ausdrücklich beigepflichtet hat.

Wissenswertes zum Bild auf S. 90

Der Mose von Michelangelo

Die Gestalt des Mose von Michelangelo war ursprünglich als Teil eines monumentalen Grabmals für Papst Julius II. geplant. Moses düsterer Gesichtsausdruck wurde unterschiedlich interpretiert: Hatte der Künstler jenen Moment vor Augen, als Mose – mit den Gesetzestafeln zurückkehrend vom Berg Sinai – erkannte, dass sein Volk vom Glauben an Gott abgefallen war? Die beiden Hörner, typisch für diese Art von Mose-Darstellung, dürften auf eine missverständliche Übersetzung aus dem Alten Testament in der lateinischen Bibelübersetzung, der sogenannten Vulgata, zurückgehen: In Ex 34,29 heißt es, Mose habe nach seiner Begegnung mit Gott einen »Glanz« auf dem Gesicht gehabt. Die lateinische Übersetzung macht daraus ein »gehörntes Gesicht«. Im Hebräischen haben nämlich der Schein oder Glanz und das Horn den gleichen Wortstamm.

Mose mit den Gesetzestafeln nach dem Abstieg vom Berg Sinai (um 1513)

Die
Dogmen

Die Glaubenslehre der Kirche ist nicht Ergebnis einer philosophischen Spekulation. Sie versteht sich als Antwort auf das, was Gott den Menschen von sich mitgeteilt, offenbart hat. Diese Selbstoffenbarung Gottes beginnt mit der Erschaffung der Welt und gipfelt im Leben, Sterben und Auferstehen Jesu Christi. Ihn ihm erblickt der christliche Glaube den Sohn Gottes, der für uns Mensch geworden ist. Er ist Gottes »Wort«, mit dem Gott sich den Menschen endgültig zugesagt und ihre Hoffnung auf das ewige Leben begründet hat.

Wie kirchliche Lehre entsteht

Die Heilige Schrift als Urkunde der Glaubenslehre

Die erste Quelle der kirchlichen Lehre ist die Heilige Schrift. Denn das Neue Testament berichtet in authentischer Weise von Jesus Christus und lenkt den Blick hin auf die Bedeutung seiner Person und seines Wirkens. Dabei steht es auf dem Fundament des Alten Testaments, dessen Schriften es im »Lichte Christi« interpretiert. So gründet die kirchliche Lehre auf der Bibel. Aber nach katholischem Verständnis ist die Heilige Schrift nicht die einzige Quelle der göttlichen Offenbarung.

Die Überlieferung als zweite Grundlage der Glaubenslehre

Neben der Heiligen Schrift steht gleichwertig die Überlieferung der Kirche, die über das Geheimnis Gottes und seines Sohnes nachdenkt und es in verschiedenen Lehrsätzen auslegt. Dies geschieht im Vertrauen auf den Auftrag Jesu, der der Kirche dazu auch seinen Beistand, den Heiligen Geist, zugesagt hat. Heilige Schrift und Überlieferung der Kirche sind aus katholischer Sicht aufeinander bezogen: Es ist derselbe Heilige Geist, der die Autoren der Bibel inspiriert und die Lehrer der Kirche lenkt.

◄ *Die Cathedra (der Lehrstuhl) des heiligen Petrus, Symbol der päpstlichen Lehrautorität (1657)*

Das lebendige Lehramt der Kirche

Die Gesamtheit von Heiliger Schrift und Überlieferung der Apostel bezeichnet man als das »heilige Glaubensgut« der Kirche. Die Aufgabe und Autorität, dieses Glaubensgut verbindlich auszulegen, obliegt dem sogenannten lebendigen Lehramt der Kirche. Träger dieses Lehramts sind nach katholischer Auffassung der Papst und das mit ihm verbundene Kollegium der Bischöfe. Denn sie stehen in der Nachfolge der Apostel, die Jesus ausdrücklich beauftragt hat, die Menschen zu lehren.

In Ausübung dieses Lehramts kann der Papst oder das Bischofskollegium gemeinsam mit dem Papst (vor allem auf einem Allgemeinen Konzil) Dogmen definieren. Nach kirchlicher Definition sind dies »Wahrheiten, die in der göttlichen Offenbarung enthalten sind«. Dogmen (griechisch »dogma« = die Lehre) sprechen innerhalb der vielen möglichen Aussagen des kirchlichen Lehramts mit der höchsten denkbaren Autorität. Freilich sind nicht alle Aussagen des kirchlichen Lehramtes schon Dogmen in definiertem Sinn; es gibt auch andere Formen lehramtlicher Aussagen, die dementsprechend jeweils einen anderen Grad an theologischer und dogmatischer Verbindlichkeit beanspruchen.

Lauschend und schreibend erhält der Evangelist Markus die Eingebung der göttlichen Offenbarung von oben (9. Jh.)

Dogmen als Lösungsversuche in theologischen Streitfragen

Man muss grundsätzlich berücksichtigen, dass zentrale Inhalte des Glaubens, die nicht strittig waren, auch nie ausdrücklich als Dogma verkündet worden sind – wie zum Beispiel die Lehre von der Auferstehung Christi. Dennoch gehören sie mit höchster Verbindlichkeit zum Kern des Glaubensgutes. Dogmen im engeren Sinn waren demgegenüber meistens Entscheidungen in einer konkreten theologischen Streitfrage. Darum sollte man also, um ein Dogma richtig zu verstehen, auch den historischen Zusammenhang beachten, aus dem heraus es entstanden ist.

Die wichtigsten Dogmen der katholischen Kirche

Das Wesen Jesu Christi und das Geheimnis der göttlichen Dreifaltigkeit

Christus – Gottes Sohn, für uns Mensch geworden (Sinai, 6. Jh.)

Die ersten Dogmen wurden im vierten und fünften Jahrhundert auf den sogenannten ökumenischen Konzilien[38] von Nicäa, Konstantinopel, Ephesus und Chalcedon verkündet. Inhaltlich ging es auf diesen Konzilien unter verschiedensten Aspekten um das Geheimnis Jesu Christi – und um das Wesen des dreifaltigen Gottes.

Die Aussagen, dass Jesus von Nazaret der »Mensch gewordene Sohn Gottes« und der »Erlöser der Menschen« ist, waren zwar biblisch schon formuliert. Inzwischen war aber eine genaue Definition insbesondere im Hinblick auf die philosophischen Vorstellungen der Zeit notwendig geworden. Konkret war man über das Verhältnis von Göttlichkeit und Menschlichkeit in der Person Jesu Christi in Streit geraten. Einige behaupteten, Jesus sei eher oder ausschließlich Gott gewesen (und so nur scheinbar Mensch), oder man lehrte, er sei lediglich ein besonderer Mensch gewesen, der von Gott aufgrund seiner Verdienste als sein Sohn angenommen (adoptiert) worden sei. Die Konzilien betonten demgegenüber:

- dass Jesus nicht nur ganz Mensch, sondern auch ganz Gott ist und als solcher **»eines Wesens mit dem Vater«** und
- dass sein Gottsein und sein Menschsein in ihm eins sind – beide Naturen sind **»unvermischt und ungetrennt«** in ihm vereinigt.

Denn nur als wahrer Gott, der bis ins Äußerste Mensch geworden ist, konnte er auch der Erlöser der Welt sein und die Menschen mit Gott und untereinander versöhnen. Folgerichtig ergaben sich daraus die Dogmen von der Göttlichkeit des Heiligen Geistes und dass Maria wirklich »Mutter Gottes« ist.

Die reale Gegenwart Christi in den »eucharistischen Gestalten« von Brot und Wein

Leib und Blut Christi, wahrhaft gegenwärtig in den Gestalten von Brot und Wein

Ein Thema, das die Theologie immer wieder beschäftigt hat, war die Frage, wie die Wandlung der eucharistischen Gestalten von Brot und Wein in der heiligen Messe zu verstehen sei.

Dabei ist es immer die katholische Position gewesen und geblieben, dass die Worte Jesu im Abendmahlssaal (»Dies ist mein Leib, dies ist mein Blut«) nicht symbolisch, sondern wörtlich zu verstehen sind.

Zuletzt hat das Konzil von Trient (1545–1563) gegenüber anderslautenden Auffassungen der Reformatoren bekräftigt: Die äußerlich sichtbaren Eigenschaften von Brot und Wein bleiben zwar unverändert, also etwa Farbe, Form und Geschmack. Aber ihrem Wesen, ihrer Substanz nach werden sie real Leib und Blut Jesu Christi (Lehre von der **Transsubstantiation**). Die Wandlung der eucharistischen Gaben bleibt bestehen, das heißt: Sie bleiben auch nach der Messe Leib und Blut Christi. Daher müssen sie entsprechend ehrfürchtig aufbewahrt werden (vgl. S. 47 zu Tabernakel).

Die Letzten Dinge – Tod, persönliches Gericht, Himmel, »Fegefeuer«, Hölle und Jüngstes Gericht

Spätmittelalterlicher Totentanz: Der Tod zwingt alle Stände und Alter, ihm in seinem Reigen zu folgen (1500)

Die Auferstehung Jesu eröffnet allen, die ihm auf seinem Weg nachfolgen, eine ewige Zukunft, das ewige Leben bei Gott. Im Zusammenhang damit erschließt die sogenannte Lehre von den Letzten Dingen, was den Menschen erwartet, wenn sein irdischer Weg zu Ende geht.

Grundlage dieser Lehre ist die Auffassung, dass der Mensch Gott gegenüber Verantwortung trägt für sein Leben, das im Tod endgültig gültig wird. Wenn der Mensch »mit der Ernte« seines irdischen Lebens vor das Angesicht Gottes tritt, wird offenbar, was in diesem Leben gut oder böse war. Wenn auch die Vorstellung von diesem **individuellen Gericht Gottes** nicht verharmlost werden darf, so kann sie nicht getrennt von der Erlösung in Christus gedacht werden. Jesus Christus hat die menschliche Natur in allen Dimensionen außer der Sünde durchmessen und angenommen. Deshalb wird er auch in diesem Gericht als Richter und Anwalt zugleich auftreten.

Erfüllt sich in dieser endgültigen Begegnung die göttliche Bestimmung des Menschen, kann er eintreten in die volle und ewige Gemeinschaft mit Gott. Das bezeichnet die kirchliche Lehre mit **Himmel.**

Das Jüngste Gericht: Christus als Richter, Maria und Johannes bitten für die Menschen (um 1435)

Es kann aber auch sein, dass im Gericht die Unzulänglichkeit des Menschen offenbar wird, die ihn noch an der Teilnahme an der vollen Gemeinschaft mit Gott hindert – ohne dass er als Ganzes in eine unumkehrbare Gottesferne geraten wäre. Ausgerichtet zu sein auf die Gemeinschaft mit der Liebe Gottes und sie doch noch nicht zu erreichen: Das ist die läuternde Erfahrung, die die Kirche als **»Reinigung«** **(Purgatorium)**, bisweilen missverständlich Fegefeuer genannt, bezeichnet.

Was ist aber, wenn ein Mensch sich in seiner Freiheit endgültig und uneinsichtig der Liebe Gottes verschlossen hat und die Erlösung in Christus ausschlägt? Um der Freiheit des Menschen willen müsste Gott einen solchen Menschen endgültig außerhalb seiner Gemeinschaft lassen. Ewige Gottesferne – das ist es, was die Lehre von der **Hölle** meint.[39]

Gemäß kirchlicher Lehre ist die Menschheit durch alle Generationen hindurch »in Christus« verbunden. Gottes Wort über sie kann erst am Ende der Zeiten, beim sogenannten **Jüngsten Gericht** gesprochen werden, wenn die Geschichte an ihr Ziel gekommen ist. Dieses Gericht steht somit allen Menschen – den Lebenden und denen, die bereits gestorben sind – noch bevor.

Die Unfehlbarkeit des Papstes

Zur Zeit des Ersten Vatikanischen Konzils (1868–1870) war die katholische Kirche in eine Auseinandersetzung mit der modernen Aufklärungsphilosophie und anderen religions- und kirchenkritischen Auffassungen verwickelt. Einige Theologen und Bischöfe äußerten Bedenken, in einer solchen Situation einen Glaubenssatz wie die Lehre von der päpstlichen Unfehlbarkeit zu verkünden. Sie befürchteten eine inner- und außerkirchliche Polarisierung und Missverständnisse.

Bei der offiziellen Abstimmung auf dem Konzil gab es auch viele Gegenstimmen. Einige deutsche Bischöfe hatten zuvor das Konzil bereits verlassen. Die Altkatholische Kirche um den Kirchenhistoriker Ignaz von Döllinger spaltete sich in der Folge von Rom ab. Bis heute wird dieses Dogma gelegentlich infrage gestellt.

Inhaltlich will das Dogma von der päpstlichen Unfehlbarkeit nicht behaupten, das Oberhaupt der katholischen Kirche könne überhaupt nicht irren. Wenn der Papst aber in Berufung auf sein Lehramt, das er kraft seiner Autorität als oberster Hirte der Kirche innehat, eine Glaubenswahrheit in Glaubens- oder Sittenfragen verkündet, so kann er auf den Beistand des Heiligen Geistes vertrauen und nicht irren.

Die katholische Lehre kennt neben der päpstlichen Unfehlbarkeit auch noch andere Dimensionen der Gewissheit im Glauben:

- Denn auch das Bischofskollegium kann in Gemeinschaft mit dem Papst vor allem auf einem Allgemeinen Konzil in Ausübung des unfehlbaren Lehramtes Glaubens- oder Sittenlehren endgültig verkünden.
- Ebenso kann die Gesamtheit der Gläubigen nicht irren. Denn Jesus Christus hat den Aposteln und seinen Jüngern versprochen, dass der Heilige Geist die Kirche – als Ganze – zu allen Zeiten leiten und in die volle Wahrheit überführen wird (Joh 16,13 in Verbindung mit Joh 14,26).

Bisher hat erst einmal ein Papst in Berufung auf seine unfehlbare Lehrautorität gesprochen: Das war Papst Pius XII., der 1950 die leibliche Aufnahme Mariens in den Himmel als Dogma verkündigt hat.

Die Statue des heiligen Petrus (Ende 13. Jh.) führt bei Konzilien im Petersdom symbolisch die Versammlung

MARIA·VIRGO·ASSVPTA·E·AD·ETHEREV·THALAMV·INQVO·REX·REGV·STELLATO·SEDET·SOLIO·
EXALTATA·EST·SANCTA·DEI·GENITRIX·SVPER·CHOROS·ANGELORVM·AD·CELESTIA·REGNA·

Maria

Gottesmutter, Himmelskönigin, Urbild der Kirche – überaus reichhaltig sind die Namen, mit denen die katholische Tradition Maria, die Mutter Jesu, ehrfürchtig bezeichnet. Denn die Verehrung Marias ist ein Kennzeichen der katholischen Frömmigkeit. Nicht nur in der persönlichen Frömmigkeit ist Maria wichtig. Auch für Herrscherhäuser und ganze Völker wurde Maria zum Vorbild im Glauben, zur Fürsprecherin für Frieden und Wohlergehen. Die Marienverehrung der österreichischen Habsburger oder die Verehrung der Schwarzen Madonna von Tschenstochau sind nur einige Beispiele dafür.

Maria im Neuen Testament

Die Bibel berichtet von der Mutter Jesu an einigen Stellen. Der älteste indirekte Hinweis auf sie findet sich im Brief des Apostel Paulus an die Galater (Gal 4,4) innerhalb einer theologisierenden Reflexion. Das Markusevangelium weist in zwei markanten Miniaturen auf die Existenz Marias als Mutter Jesu hin (Mk 3,32 über die wahren Verwandten Jesu; Mk 6,3 über die Ablehnung Jesu in seiner Heimatstadt).

Das Matthäus- und das Lukasevangelium erzählen ausführlicher von Maria – besonders im Rahmen ihres Sondergutes über die Geburt und Kindheit Jesu[40] (Mt 1–2 und Lk 1–2). Diese sogenannten Kindheitsgeschichten stützen sich auf unterschiedliche Quellen; sie stimmen in folgenden Details überein: Sie sprechen von der jungfräulichen Empfängnis Jesu aus dem Heiligen Geist, von Maria und Josef sowie von Betlehem als Geburtsort Jesu. In der Apostelgeschichte des Lukas ist Maria nach der Auferstehung Jesu mitten im Kreis der betenden Apostel in Jerusalem zu finden (Apg 1,14).

Im Johannesevangelium taucht Maria zweimal auf: bei der Hochzeit von Kana (Joh 2) und in der Todesstunde Jesu unter dem Kreuz (Joh 19,25–27).[41] In beiden Abschnitten fällt die förmliche Anrede Jesu an seine Mutter (»Frau«) auf. Sie legt die Interpretation nahe, hier sei nicht nur von der Mutter Jesu die Rede, sondern zugleich von einer in Maria repräsentierten symbolischen Gestalt, nämlich »der Kirche«.

◄ *Krönung Mariens aus der Apsis von Santa Maria Maggiore in Rom, der »Mutter« aller Marienkirchen (um 1295)*

In der Offenbarung des Johannes steht die Vision von der Schwangeren, bekleidet mit der Sonne, den Mond unter den Füßen, bekränzt mit zwölf Sternen, die in der Wüste ein Kind gebiert (Offb 12,1–6). Inwieweit hier tatsächlich auf die Mutter Jesu angespielt wird, bleibt umstritten. Für die Darstellung Marias als Himmelskönigin ist diese Schriftstelle jedenfalls zu einer maßgeblichen biblischen Grundlage geworden.

Diese oft knappen biblischen Textzeugnisse[42] über Maria, die Mutter Jesu Christi, bilden die historische Grundlage für die spätere Entwicklung, die ausgehend von der frühchristlichen Literatur der Mutter Jesu einen blühenden Kranz von Legenden über ihre Familie, ihre Kindheit und ihr weiteres Leben geflochten hat.

»Eine Frau, bekränzt mit zwölf Sternen«: Marienstatue nach der Apokalypse des Johannes

Maria im katholischen Dogma

Die Kirche hat in mehreren dogmatischen Definitionen über Maria, die Mutter Jesu Christi, gesprochen. Für sie gilt die theologische Auslegungsregel, dass diese marianischen Dogmen sich auf Christus beziehen und von ihm her auch erschlossen werden müssen.

Das erste und wichtigste unter ihnen ist das Dogma des Konzils von Ephesus (431): »Maria ist Gottesmutter« (wörtlich Gottesgebärerin). Mit anderen Worten: Jesus ist nicht bloß ein Mensch, der sich oder mit dem sich Gott nachträglich vereinigt hat, sondern er ist selbst von Anfang an ganz Gott. Daher ist es notwendig zu sagen, dass Maria nicht nur den irdischen Menschen Jesus, sondern auch den Mensch gewordenen Sohn Gottes leibhaftig zur Welt gebracht hat.[43]

Die späteren Dogmen über Maria sind feierliche Auslegungen des Wortes, mit dem nach dem Lukasevangelium (Lk 1,28) der Engel Gabriel Maria bei der Verkündigung der Geburt Jesu begrüßt hat: »Sei gegrüßt, du Begnadete.«[44]

Abschließend sei noch darauf hingewiesen, dass das Zweite Vatikanische Konzil in der dogmatischen Konstitution über die Kirche Maria als Urbild im Glauben und in der Liebe und Vorbild der Kirche besonders gewürdigt hat.

Marienverehrung

In der Verehrung der Gottesmutter haben große geistliche Lehrer ebenso wie sogenannte »einfache Leute« ihrem Glauben, ihrer Hoffnung und ihrer Liebe zu Gott persönlichen Ausdruck gegeben. Die Andachten und Gebete zu Maria zählen neben der heiligen Messe zu den am häufigsten gepflegten Formen katholischer Religiosität.

Der Rosenkranz ist das am meisten verbreitete meditative Gebet der Katholiken überhaupt. Er besteht in der Regel aus fünf Reihen (Gesätze) mit je einem Vaterunser, zehn Ave Maria und einem Ehre sei dem Vater.

In jedem Gesätz werden Heilsgeheimnisse aus dem Leben Jesu betrachtet. Je nach dem Inhalt dieser Gesätze unterscheidet man den freudenreichen Rosenkranz (Christi Geburt), den lichtreichen Rosenkranz (Christi öffentliches Wirken), den schmerzhaften Rosenkranz (Passion) und den glorreichen Rosenkranz (Auferstehung, Himmelfahrt, Pfingsten und Aufnahme Marias in den Himmel).[45]

Der Englische Gruß (auch Angelus genannt, von lateinisch = der Engel) ist ein kurzes Gebet in drei Strophen, an die sich jeweils ein Ave Maria anschließt. Es betrachtet die Menschwerdung des Gottessohnes und die Bereitschaft Marias, seine Mutter zu werden. Traditionell wird es am Morgen, zu Mittag und am Abend gebetet. Dazu lädt in einigen Gegenden bis heute das sogenannte Angelus-Läuten vom Glockenturm der Kirche ein.

Die Lauretanische Litanei ist eine Abfolge von Anrufungen, in denen Maria um ihre Fürsprache gebeten wird. Die Bildersprache dieser Litanei ist altertümlich und bedarf daher der meditativen Ergründung im Gebet.

Wallfahrten zu Marienkirchen haben seit dem Mittelalter eine hohe Bedeutung. Die Motivationen der Menschen, die sich auf den Weg machen, sind vielfältig. Marienwallfahrtsorte sind meist spirituelle Zentren in katholisch geprägten Regionen.

Maria in der sakralen Kunst

Den großen Stellenwert der Marienverehrung für das katholische Christentum erkennt man auch an den häufigen Darstellungen der Gottesmutter in der sakralen Kunst. Auch viele Werke geistlicher Musik sind Maria gewidmet.
Dabei kann man gewisse Grundmotive unterscheiden. Deren wichtigste sind:

Die Verkündigungsszene

Der Engel Gabriel besucht Maria in ihrer Kammer und verkündet ihr die Geburt Jesu. Maria wird meistens im Gebet dargestellt. Die Kammer ist – zum Zeichen für Marias Gemütsverfassung – betont geordnet. Manchmal sieht man bereits den Heiligen Geist, der sich in Gestalt einer kleinen Taube auf Maria niedersenkt – bisweilen auch gemeinsam mit der Seele Jesu (im Kleinformat).

Die schöne Madonna

Hierbei handelt es sich um eine Darstellung Marias als edle Dame[46], häufig mit dem Jesusknaben im Arm, der den Betrachter segnet. Diese Darstellung Marias kann eine gewisse Ähnlichkeit mit den Marienikonen der orthodoxen Kirchen haben.

Der Engel kündigt Maria die Geburt Jesu an (um 1430)

»Friesacher Madonna« mit dem Jesusknaben (frühgotisch, um 1340) ▶

Maria betrauert ihren
toten Sohn –
Bleiskulptur (1740)

Schutzmantelmadonna –
Menschen aller Stände
suchen Schutz bei der
Gottesmutter (16. Jh.)

Gnadenbild im Marien-
heiligtum von
Guadalupe, Mexico City

Die Pieta

Das späte Mittelalter, eine Zeit der Seuchen, Kriege und Hungersnöte, identifiziert sich mit Maria, die um ihren toten Sohn weint. Daraus ergibt sich die Darstellung Marias als sitzende Frau, die den Leichnam Jesu auf ihrem Schoß trägt. Eines der berühmtesten Werke dieser Art in der christlichen Kunst ist die Pietá von Michelangelo im Petersdom in Rom.[47] Eine andere Bezeichnung für diesen Bildtyp ist auch »Vesperbild«.

Die Schutzmantelmadonna

In Darstellungen dieser Art sehen wir Maria, die ihren Mantel ausbreitet, um darunter einer möglichst großen Zahl von Menschen Schutz zu bieten. Die Schutzsuchenden sind meistens nach Ständen gegliedert.[48]

Die Krönung Mariens

Die himmlische Krönung wird meist von Christus vollzogen: Maria sitzt zur Rechten ihres Sohnes, Engel dienen ihr. Später findet man auch die Krönung durch Gottvater und besonders durch die Dreifaltigkeit: Vater und Sohn halten die Krone, der Heilige Geist schwebt über Maria.

Marienerscheinungen

Im Laufe der Kirchengeschichte haben immer wieder Menschen berichtet, die Gottesmutter sei ihnen persönlich erschienen und habe ihnen eine bestimmte Botschaft – meist Ermahnungen zu Frieden und Gebet – übermittelt. Die Kirche betrachtet solche Erscheinungen zunächst als Privat-Offenbarungen, das heißt, sie überprüft sehr genau, ob es sich tatsächlich um authentische Erscheinungen Marias handeln könnte. Mit der Anerkennung solcher Mariener-

Maria wird von der Dreifaltigkeit zur Königin des Himmels gekrönt (um 1520)

scheinungen ist die Kirche bekanntlich sehr zurückhaltend. Vor allem muss eine solche Marienerscheinung die kirchliche Lehre grundsätzlich bestätigen. Sie darf auch nichts über die Lehre der Kirche Hinausgehendes oder ihr Widersprechendes verkündigen.

Marienerscheinungsorte werden oft auch zu beliebten Marienwallfahrtsorten. Die bedeutendsten unter ihnen sind Guadalupe in Mexiko, Lourdes in Frankreich sowie Fatima in Portugal.

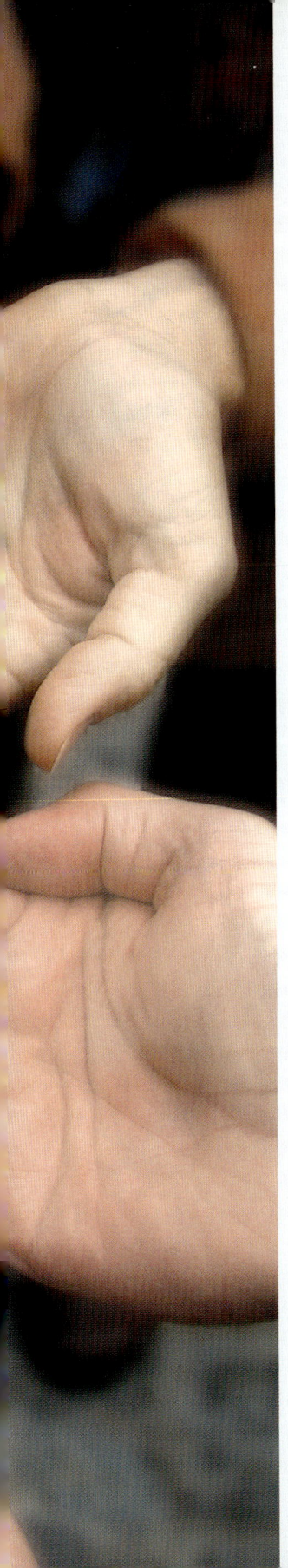

Grund-
aufgaben
der Kirche

Das Leben der Kirche ist vielfältig, was auch an den vielen Gruppen und Gemeinschaften erkennbar ist, die es in ihr gibt. Jede hat auf ihre Weise Anteil an dem einen christlichen Auftrag. Noch vielfältiger wird das Bild, wenn man das Profil, die Begabung der einzelnen Gläubigen in den Blick nimmt, die dazu berufen und eingeladen sind, Christus nachzufolgen und am Aufbau des Reiches Gottes mitzuwirken. Deshalb gibt es Grunddienste des Christseins: Das sind besondere und grundlegende Dimensionen christlichen Engagements.

Diakonia

»Die Liebe Christi drängt uns« (2 Kor 5,14) ist das Motto der Barmherzigen Schwestern des hl. Vinzenz von Paul

◀ *Lebendige Kirche wird dort erfahrbar, wo sich Menschen mit den Talenten einbringen, die sie selbst empfangen haben*

Das Wort »Diakonia« kommt aus dem Griechischen und bedeutet »Dienst«. Damit wurde zunächst jede Form von Unterstützung und Hilfe bezeichnet, speziell die Aufgabe des Dieners in einem wohlhabenden Haus. Schon in der frühen Kirche hat man das Amt des Diakons geschaffen. Soweit man seinen damaligen Aufgabenbereich historisch fassen kann, war er wohl hauptamtlich für die Versorgung der Bedürftigen in der Gemeinde zuständig. Als Grundaufgabe der Kirche meint Diakonia also die Dimension der liebevollen Aufmerksamkeit und Hilfe für jene, die in Not sind – entsprechend dem Wort Jesu: »Was ihr dem Geringsten meiner Brüder getan habt, das habt ihr mir getan« (Mt 25,40). Wer in seinem Leben Christus nachfolgen will, dessen Engagement wird auch die Hilfsbereitschaft für die Hilfs- und Schutzbedürftigen beinhalten. Das gilt nicht nur für Christen, die sich ausdrücklich den Werken der Nächstenliebe widmen. Auch die Professorin für christliche Philosophie, der Kirchenorganist oder der Leiter von Bibelstunden sollen ihren Dienst so erfüllen, dass sich »die geringsten Brüder und Schwestern« Jesu wahrgenommen wissen.

Martyria

»Steht jedem Rede und Antwort über die Hoffnung, die euch erfüllt« (vgl. 1 Petr 3,15): Religionsunterricht bei den Schulschwestern

Unter Martyrium (griechisch »Zeugnis«) versteht man umgangssprachlich den gewaltsamen Tod eines Menschen um seines Glaubens willen. Die ursprüngliche Bedeutung von »Martyria« als Zeugnis ist aber weiter gefasst. Zu den Grundaufgaben der Kirche zählt die Martyria, weil jedes Tun, wenn es christlich ist, in irgendeiner Weise Verkündigung des Glaubens, Glaubenszeugnis sein muss.

Das ist gerade in der modernen, zunehmend kirchenfernen Welt eine Herausforderung. Das bloße Faktum, dass zum Beispiel die Nachbarin jede Woche einmal ehrenamtlich die Kirche reinigt, konfrontiert viele mit ihrem Glaubenszeugnis. Sie braucht darüber nicht viele Worte zu machen. »Religion ist Privatsache« ist ein unchristlicher Satz. Denn Christus sagt in der Bergpredigt: »Ihr seid das Licht der Welt. Eine Stadt, die auf dem Berg liegt, kann nicht verborgen bleiben« (Mt 5,14).

Leiturgia

Menschen aus aller Welt kommen nach Taizé, um Gott im Gebet zu begegnen

Leiturgia – eingedeutscht »Liturgie« – bedeutet zunächst im Griechischen »Werk/Dienst für das Volk«. Dazu zählte auch der öffentliche Gottesdienst der Priester im Tempel. Es wird im theologischen Kontext für die Gesamtheit des gottesdienstlichen Tuns der Kirche verwendet, aber auch für die einzelne gottesdienstliche Feier.

In einem ersten Zugang zur Grundaufgabe der Liturgie könnte man daraus ableiten: Bei allem Mithelfen und Mitarbeiten, bei allem Engagement dürfen der Gottesdienst und das Gebet nicht zu kurz kommen. Aus ihnen schöpft christliches Wirken seine Energie, ohne sie wird das Engagement in der Kirche schnell beliebig, wie eine Vereinsaktivität.

So zutreffend diese Behauptung auch sein mag, sie greift zu kurz. Denn die Grundaufgabe der Liturgie meint: Alles, was im Namen und nach dem Vorbild Jesu Christi getan wird, soll so geschehen, dass es der Ehre und Verherrlichung Gottes und dem Heil der Menschen dient. Keine Aufgabe kann so gering sein, dass sie – in der richtigen Einstellung erfüllt – nicht Liturgie im weiteren Sinn werden kann. So verstanden wird jede Aktivität aber auch folgerichtig in die konkrete Liturgie, in das Gebet, in die gemeinsame Messfeier der Gemeinde münden und aus ihnen ihre Kraft beziehen.

Zusammenhänge zwischen den Grundaufgaben

Zusammenfassend sei noch einmal verdeutlicht, dass die Grundaufgaben der Kirche in jedem Tun, das sich als Nachfolge Christi versteht, zugleich vorhanden sind:

- Caritatives Engagement ist Diakonia im engeren Sinn. Es trägt immer in sich die Dimension des Bekenntnisses zu Christus, besonders zu Christus als dem Gekreuzigten. Angenommen, jemand wendet sich einem Obdachlosen zu, der von der Gesellschaft an den Rand gedrängt wird, weil er nichts mehr erwirtschaften kann. Ein solcher Helfer legt Zeugnis ab für die Würde jedes

»Er sagte zu dem Mann
mit der verdorrten Hand:
Steh auf und stell
dich in die Mitte!«
(Mk 3,3)

Menschen als Geschöpf Gottes (Martyria). Außerdem geht es nicht um Selbstverwirklichung in der eigenen Hilfsbereitschaft. Vielmehr geht es darum, dass Gott in seiner Liebe durch die Werke der Nächstenliebe bei dem Not leidenden Menschen ankommen kann (Leiturgia).

- Die Referentin in einem Bibelkurs gibt Martyria im engeren Sinn. Sie muss bedenken, dass sie einfache Gläubige unter den Zuhörern durch ihre Ausführungen vielleicht in ihrem Glauben erschüttern könnte. Dennoch muss sie manchmal um der Wahrhaftigkeit willen Unerwartetes zur Sprache bringen. Dies sollte aber so geschehen, dass alle Anwesenden am Ende die neuen Einsichten verarbeiten können (Diakonia). Im Letzten sollte es ihr nicht nur um Wissensvermittlung gehen, sondern darum, dass alle in der gemeinsamen Bibelarbeit Gott näherkommen. Das könnte etwa dadurch geschehen, dass sie miteinander das Evangelium der Sonntagsmesse besser verstehen (Leiturgia).

- Eine Pfarrei, die ein Feiertagshochamt aufwendig gestaltet, praktiziert Leiturgia im engeren Sinn. Sie könnte aber vielleicht auch darauf bedacht sein, dass im Verhältnis zu den höheren Ausgaben für die Musiker-Gagen auch die Armen der Pfarre zum Festtag eine höhere Zuwendung erhalten (Diakonia). Die Dimension des Zeugnisses hat eine feierliche Messe allemal, erreicht sie doch meistens auch Menschen, die sonst der Kirche fernstehen (Martyria).

Durch alles kirchliche Engagement zieht sich wie ein roter Faden eine vierte Dimension, ein vierter Grundvollzug der Kirche, die Koinonia (griechisch für »Gemeinschaft«). Denn jedes Helfen, Künden und Feiern der Kirche ist letzten Endes ausgerichtet auf die Gemeinschaft des Menschen mit Gott und – wenn es kirchliches Tun ist – auf die Gemeinschaft der Menschen untereinander. So wird die Kirche auch zum lebendigen Zeichen jener Koinonia, jener Gemeinschaft, die das innere Geheimnis der göttlichen Dreifaltigkeit ist.

Die Frage, in welchem Ausmaß die Grundaufgaben der Kirche im eigenen christlichen Engagement tatsächlich verwirklicht sind, kann eine Hilfe bei der persönlichen religiösen Vertiefung sein.

Die Gebote der Kirche

Sind die Zehn Gebote nicht genug, um das religiöse Leben als Christ zu gestalten? Wozu braucht es dazu noch Gebote der Kirche? Sind sie das verstaubte Relikt einer äußeren Erscheinungsform von Kirche, die meinte, die Menschen bevormunden zu müssen? In Wirklichkeit sind die Gebote der Kirche Ausdruck von großer seelsorglicher und menschlicher Erfahrung: Aus ihnen spricht das Wissen um die vielfältigen Gefährdungen, denen ein christliches Leben selbst bei bestem Willen immer wieder ausgesetzt ist. Deshalb muten sie den Gläubigen ein Grundmaß an Aufmerksamkeit und Glaubenspraxis zu, das ein Christ für Christus und die Kirche aufbringen sollte. Theologisch gesehen setzen die Gebote der Kirche voraus: Ein Mensch, dem durch die Taufe die Erlösung, die Frohe Botschaft und die Gemeinschaft des Glaubens in der Kirche geschenkt worden ist, kann (und darf) nicht gegenüber Christus, der Bibel, den Sakramenten und so weiter gleichgültig bleiben.[49]

Gemeinde, zur heiligen Messe um den Altar versammelt

Du sollst an Sonn- und Feiertagen der heiligen Messe andächtig beiwohnen

Jeder Sonntag ist Gedenktag der Auferstehung Jesu, die kraft der Taufe für den Christen das Fundament der christlichen Existenz ist. In der Messe begegnet der gläubige Mensch dem auferstandenen Christus selbst. Er lobt Gott für seine großen Taten, an welche die Kirche gerade an den Sonntagen erinnert.

Durch die Mitfeier der sonn- und feiertäglichen Messe erfüllen der Christ und die Christin außerdem das Vermächtnis Jesu (»Tut dies zu meinem Gedächtnis«). So ist die sonntägliche Messe die natürliche Mitte einer angemessenen Gestaltung eines Sonn- bzw. Feiertages.

◀ *Die Gebote der Kirche wollen eine Einladung sein und den Menschen zu Christus führen*

Du sollst wenigstens einmal jährlich deine Sünden beichten

Im Sakrament der Versöhnung darf sich der Christ die Fülle des Heils neu schenken lassen, das ihm Jesus, der Erlöser, durch seinen Opfertod erworben hat. Nach katholischem Verständnis ist aber ein vollständiges Bekenntnis der schweren Sünden Bedingung für eine sakramentale Beichte. Daher sollte der Abstand zur letzten Beichte jeweils nur so lange sein, dass der Zeitraum, auf den sich die Erforschung des Gewissens bezieht, noch überblickt werden kann.

Das Sakrament der Beichte schenkt Versöhnung mit Gott, den Menschen und mit sich selbst

Du sollst wenigstens zur österlichen Zeit sowie in Todesgefahr die heilige Kommunion empfangen

Die heilige Eucharistie ist die geistliche Nahrung eines Christen. In ihr erhält der Gläubige schon jetzt Anteil am »himmlischen Gastmahl« und er kann die Frucht von Jesu Leiden und Sterben erfahren und daraus leben. Sie ist ein bleibendes Angebot der Liebe Gottes.[50]

Christus, das Brot des Lebens – gebrochen, geteilt und hingegeben

Du sollst die gebotenen Feiertage halten

Dieses Gebot vertieft das erste Gebot der Kirche. Das »Halten« des Feiertags erschöpft sich nämlich nicht im Besuch der heiligen Messe. Vielmehr soll der ganze Feiertag in einem umfassenden Sinn ein Tag des Herrn sein. Dazu wurde bei diesem Gebot früher verdeutlichend hinzugefügt: »Du sollst keine knechtische Arbeit tun.« Letztlich wollen die kirchlichen Feiertage – mit ihrem wechselnden Inhalt – so begangen werden, dass in ihnen ein Vorgeschmack darauf gekostet werden kann, was Gott dem Menschen in der Ewigkeit schenken will.

Du sollst die gebotenen Fasttage halten

Fasten ist eine uralte Weise, sich von allem frei zu machen, was den Menschen auf seinem Weg zu Gott, zu sich und zu den Mitmenschen behindert. So verstanden, kann Fasten von jedem Christen und jeder Christin auch unabhängig von den gebotenen Fasttagen als geistliche Übung praktiziert werden.

Gebotene Fasttage sind Fasttage, an denen die kirchliche Gemeinschaft als solche fastet.

- Konkret gibt es im Lauf des Kirchenjahres den Aschermittwoch und den Karfreitag, an denen keine Fleischspeisen und keine Genussmittel konsumiert werden sollen (Enthaltungsfasten). Ebenfalls ist nur eine einmalige Sättigung gestattet (Abbruchfasten).

- Darüber hinaus sind die gewöhnlichen Freitage während des Jahres gebotene Fasttage. An ihnen lässt es die Kirche der und dem Einzelnen offen, auf welche Weise gefastet wird (früher galt generell ein Verbot von Fleischspeisen).

Verzicht, nicht nur auf Nahrung, öffnet die Seele für die Begegnung mit Gott

Für Kinder, ältere und kranke Menschen gilt das Fastengebot nicht.

Du sollst der Kirche in ihren Erfordernissen beistehen

Es ist eine alte Frage, inwieweit die Zugehörigkeit zur Kirche Voraussetzung ist für das Gelingen eines christlichen Lebens. Grundsätzlich ist es nicht nur im Glauben eine menschliche Erfahrung, dass der Mensch auf die Gemeinschaft anderer Menschen angewiesen ist. Der Christ bedarf der Gemeinschaft des Glaubens, damit er selbst in seinem Christ-Sein wachsen und reifen kann. Deshalb soll er auch zum äußeren und inneren Wachstum dieser Gemeinschaft, der Kirche, beitragen.

◄ Auch der Klang der Kirchenglocken ist Einladung und Mahnung zugleich

Der Aufbau der katholischen Kirche

Die römisch-katholische Kirche ist eine weltweite christliche Glaubensgemeinschaft. Das »pilgernde Volk Gottes in der Welt und Zeit«, als das sie sich versteht, *ist* – institutionell gesehen – eine Organisation, und *hat* gemäß ihrem Sendungsauftrag eine Organisation. So ist sie kein »geschlossener Block«, sondern eine differenzierte, dynamische Wirklichkeit. Diese beruht teilweise auf neutestamentlichen Vorgaben und theologischen Entwicklungen der ersten christlichen Jahrhunderte, teilweise ist sie unter ständig sich verändernden Rahmenbedingungen gewachsen. In dieser Struktur der Kirche gibt es verschiedene Ebenen, die für jeweils unterschiedliche Aufgaben und Entscheidungen zuständig sind. Genau dargelegt wird diese Struktur und das Verhältnis der Stufen, Aufgaben, Stände und Personen im Kirchenrecht, dessen aktuell gültige Fassung aus dem Jahr 1983 stammt. Die Entwicklung der Kirche als Organisation ist damit aber nicht endgültig abgeschlossen: Neue Herausforderungen veranlassen sie auch heute, ihre Strukturen den Erfordernissen der Zeit anzupassen, ohne damit ihre Grundform und Wesensmerkmale aufzugeben (z.B. Primat des Papstes).

Alle Wege beginnen in Rom …

Die römisch-katholische Weltkirche wird vom Papst geleitet. Er hat seinen Sitz im **Vatikan**[51] (Rom). Sein Leitungsamt übt der Papst nicht »isoliert«, sondern als Vorsitzender und Mitglied des Bischofskollegiums aus.

Die meisten der Bischöfe sind ihrerseits Leiter von **Diözesen** (Bistümern), die organisatorisch gesehen die größeren Verwaltungseinheiten der Kirche bilden. Da jeder Bischof Nachfolger der Apostel und Träger der Fülle des Weihesakraments ist, repräsentiert theologisch betrachtet auch jede Diözese die universale Kirche vor Ort, sie ist eine Teil- bzw. Ortskirche (zum Verhältnis von universaler Weltkirche und partikularer Ortskirche siehe unten). Das Netz der Diözesen umfasst alle bewohnten Teile der Erde.[52]

Die Diözesen einer Region sind normalerweise zu einer **Kirchenprovinz** (auch: einem Metropolitanverband) zusammengefasst. Die vorrangige unter ihnen heißt Erzdiözese

◀ *Die Kolonnaden auf dem Petersplatz in Rom sollen »die Katholiken umarmen« (Bernini)*

(Metropole), ihr Bischof ist Erzbischof (Metropolit). Die übrigen Diözesen sind die sogenannten Suffragan-Bistümer. Sie sind der Erzdiözese in bestimmten Bereichen rechtlich unterstellt.[53]

Der einzelne Katholik, die einzelne Katholikin leben mit ihrer Kirche im Rahmen der **Pfarrei** (Pfarre, Pfarrgemeinde), dies ist die kleinste Einheit innerhalb der kirchlichen Organisationsformen. Dort werden sie vom zuständigen Priester, dem Pfarrer, der die Pfarrei leitet, und den haupt- und ehrenamtlichen Mitarbeitern seelsorglich betreut.

Auch die Pfarreien eines Gebiets, zum Beispiel einer Stadt, sind für gewöhnlich zusammengefasst in einem **Dekanat**, unter der Leitung des Dekans (Dechant). Den Dekan wählen die Pfarrer und ausgewählte Laienmitarbeiter des Dekanats aus ihrem Kreis für eine bestimmte Zeit.

So ergibt sich grob gesprochen als Struktur der römisch-katholischen Kirche: Pfarrei – Dekanat – Diözese – Kirchenprovinz – Weltkirche.

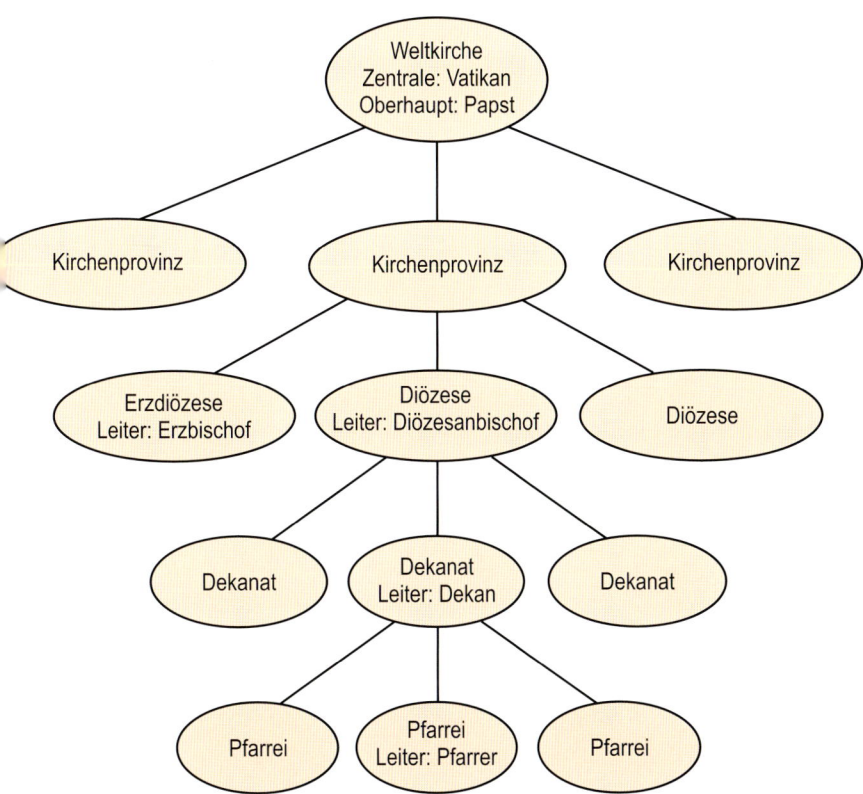

Die Struktur der katholischen Kirche auf einen Blick

Prinzipien des Aufbaus der katholischen Kirche

Weltkirche und Ortskirche

Die grundlegende Leitungsstruktur der katholischen Kirche ist **kollegial**. Das bedeutet, dass die Leitungsverantwortung für die Kirche von der Gemeinschaft der Bischöfe gemeinsam mit dem Papst und unter seiner Leitung wahrgenommen wird. Zugleich ist die Kirche als Ganze dem Papst in Rom unterstellt, dem zum Beispiel (verbunden mit dem Bischofskollegium) in bestimmten kirchenrechtlichen Fragen die letzte Entscheidung zukommt. Insofern ist die römisch-katholische Kirche auch **zentral** verfasst.

Das Territorialprinzip

Der beschriebenen Struktur entsprechend, gehört jeder Katholik aufgrund seines Wohnorts zu einer bestimmten Pfarrei. Jede Pfarrei[54] ist wiederum Teil eines Dekanats in einer Diözese. Man nennt diese Organisation der Seelsorge, die sich hauptsächlich am Wohnort des Katholiken orientiert, das **Territorialprinzip**:

- Die **Wohnsitzpfarrei** ist vorrangig zuständig, wenn ein Kind getauft werden soll, wenn ein Paar kirchlich heiraten möchte oder wenn ein Mitglied der Pfarrei gestorben ist und beerdigt wird.

- Jene Pfarrei, in der man als Kind getauft worden ist (die **Taufpfarrei**) ist für Katholiken und Katholikinnen von bleibender Bedeutung. Denn dort gibt es im sogenannten Taufbuch den Eintrag zu ihrer Taufe, in dem auch die Firmung, die kirchliche Eheschließung, die Priesterweihe oder die Ablegung ewiger Ordensgelübde eingetragen werden, wie auch ein allfälliger Kirchenaustritt.

Darüber hinaus gibt es auch die Möglichkeit, dass sich Katholiken in sogenannten Personalgemeinden/-pfarreien (z.B. nach ihrem Beruf, ihrer Volksgruppe) organisieren. So gehören etwa alle katholischen Studenten in Wien zu den beiden Wiener Studentenpfarreien.

Der Vatikan

Seit 2005 ist Papst Benedikt XVI., mit bürgerlichem Namen Joseph Ratzinger Oberhaupt der römisch-katholischen Kirche und zugleich Souverän des Vatikanstaates.

Die konkrete Arbeit im Vatikan wird von der päpstlichen Kurie erledigt. Sie setzt sich aus den Kongregationen, den Päpstlichen Gerichtshöfen und den Päpstlichen Räten zusammen. Diese Einrichtungen der Kurie werden von Kardinälen geleitet. Die Kurie bildet somit die organisatorische und strategische Zentrale der römisch-katholischen Kirche. Nach Umstrukturierungsmaßnahmen Benedikts XVI. ist der Vatikan derzeit folgendermaßen aufgebaut:

Papst

Benedikt XVI.

Staatssekretariat

- Zwei Sektionen:
  Sektion für allgemeine Angelegenheiten
  Sektion für die Beziehungen mit den Staaten
  Leiter: Kardinalstaatssekretär

  Zuständig für Vatikanische Diplomatie, Bischofs-ernennungen, Finanzgebarung

Päpstliche Gerichtshöfe

- Apostolische Signatur
  Höchster Gerichtshof der Kurie
  Zuständig für die Gerichtsbarkeit in der ganzen Kirche
- Apostolische Pönitentiarie
  »Oberster Gnadenhof der katholischen Kirche«
  Gewährt u.a. Absolutionen, Dispense und andere Gnadenerweise

Das Wappen des Vatikans zeigt die gekreuzten Schlüssel Petri und die Papstkrone, die Tiara

- Sancta Rota Romana

  Vorrangig ein Berufungsgericht
  Zuständig für Verfahren, die vorher in erster oder
  zweiter Instanz von untergeordneten Gerichten entschieden wurden

Kongregationen

Eigentliche vatikanische Behörden:
- Glaubenskongregation
  (ehem. Heiliges Offizium/Römische Inquisition)
- Bischofskongregation
- Propaganda Fide (»Missionskongregation«)
- Kongregation für die orientalischen Kirchen
- Kongregation für Heilig- und Seligsprechungen
- Kleruskongregation
- Kongregation für die Sakramente
- Kongregation für das katholische Bildungswesen
- Ordenskongregation

Päpstliche Räte

»Vordenker« und Vermittler
- Rat für die sozialen Kommunikationsmittel
- Rat für die Laien
- Rat zur Förderung der Einheit der Christen
- Rat für den interreligiösen Dialog
  (inkl. Kommission für das Judentum)
- Rat für die Familie
- Rat für die Migrantenseelsorge
- Rat für soziale Gerechtigkeit, Frieden und Menschen-
  rechte (Justitia et Pax)
- Koordination für karitativ-humanitäre
- Spenden (Cor Unum)
- Rat für die Pastoral im Krankendienst
- Rat für die Interpretation kirchlicher Gesetzestexte
- Rat für die Kultur

Die Diözesanstruktur im deutschen Sprachraum

Die Diözesen im deutschen Sprachraum orientieren sich, von einigen Ausnahmen abgesehen, in etwa an den politischen (Bundes-)Ländern. Die vorläufig letzte Angleichung erhielt das Diözesansystem durch die Wiedervereinigung Deutschlands im Jahre 1989. Aus den Namen der Diözesen sind mitunter noch Verweise auf die Geschichte der Diözese, vor allem auf einen ursprünglichen Bischofssitz, ablesbar.

Eine kirchenrechtliche Besonderheit in der Schweiz und Österreich sind drei Territorialabteien. Bei ihnen handelt es sich um große Abteien, deren Vorstehern ein umliegendes Gebiet in ähnlicher Weise untersteht wie dem Diözesanbischof seine Diözese. Für die dort lebenden Menschen ist also der Abt im Rang des Bischofs.

Neben den territorialen Diözesen gibt es außerdem in Österreich auch noch eine gesamtösterreichische Militärdiözese.

Bundesrepublik Deutschland

7 Kirchen-
provinzen

27 Diözesen

a) Münster
b) Essen

Diözesankarte der
Bistümer Deutschlands

- **Erzdiözese Bamberg** und ihre Suffraganbistümer Eichstätt, Speyer, Würzburg
- **Erzdiözese Berlin** und ihre Suffraganbistümer Dresden-Meißen, Görlitz
- **Erzdiözese Freiburg** und ihre Suffraganbistümer Rottenburg-Stuttgart, Mainz
- **Erzdiözese Hamburg** und ihre Suffraganbistümer Hildesheim, Osnabrück
- **Erzdiözese Köln** und ihre Suffraganbistümer Aachen, Essen, Limburg, Münster, Trier
- **Erzdiözese München-Freising** und ihre Suffraganbistümer Augsburg, Passau, Regensburg
- **Erzdiözese Paderborn** und ihre Suffraganbistümer Erfurt, Fulda, Magdeburg

Österreich

2 Kirchenprovinzen

10 Diözesen

1 Territorialabtei

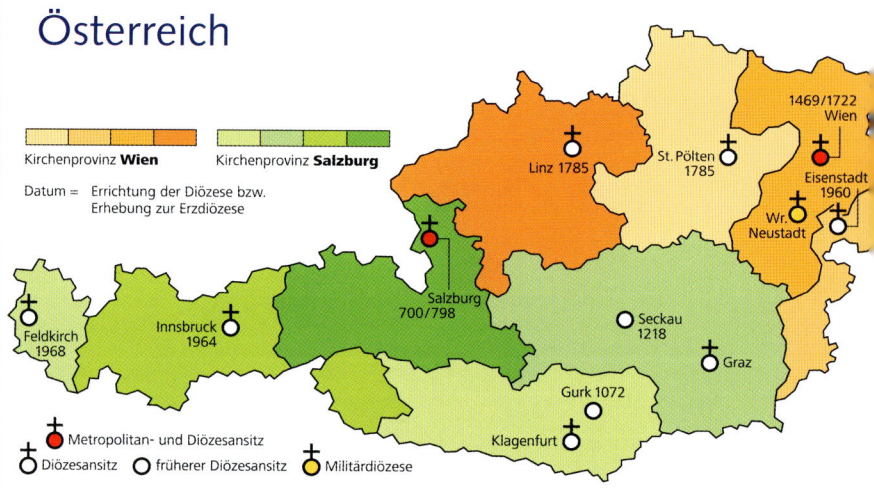

Diözesankarte der Bistümer Österreichs

- **Erzdiözese Salzburg** und ihre Suffraganbistümer Feldkirch, Graz-Seckau, Gurk-Klagenfurt, Innsbruck
- **Erzdiözese Wien** und ihre Suffraganbistümer Eisenstadt, Linz, St. Pölten
- **Militärdiözese** im Metropolitanverband von Wien
- **Territorialabtei** Wettingen-Mehrerau (Rom direkt unterstellt)

Schweiz

6 Diözesen

2 Territorial-
abteien

Aufgrund eigenständiger historischer Entwicklungen hat sich für die Schweiz keine eigene Kirchenprovinz gebildet. Es gibt also keine ausgezeichnete Erzdiözese bzw. keine Suffraganbistümer. Die Schweizer Diözesen sind unmittelbar dem Papst unterstellt.

- Diözese Basel
- Diözese Chur
- Diözese Lausanne-Genf-Fribourg
- Diözese Lugano
- Diözese St. Gallen
- Diözese Sitten
- Territorialabteien Einsiedeln und St. Maurice
  (Rom direkt unterstellt)

Liechtenstein

Erzdiözese Vaduz,
keine Suffraganbistümer

Südtirol

Als späte Folge des Ersten Weltkriegs wurde 1964 durch die Errichtung der österreichischen Diözese Innsbruck (Nord- und Osttirol) der Abtretung Südtirols an Italien auch kirchlicherseits Rechnung getragen. Der nun italienische Teil der alten Diözese Bozen-Brixen wurde in den Metropolitanverband der italienischen Erzdiözese Trient eingegliedert.

Ämter
und
Dienste

Die katholische Kirche ist eine hierarchisch gegliederte Gemeinschaft – die Bibel verwendet das Bild vom Leib und seinen verschiedenen Gliedern. Den zahlreichen Aufgaben, derer sie sich anzunehmen hat, entspricht – soziologisch gesprochen – eine Vielzahl von Ämtern und Diensten. Von diesen lassen sich viele direkt auf die Zeit der Urkirche zurückführen. Deren konkrete Gestalt hat sich freilich im Lauf der Geschichte immer wieder gewandelt.

Laien und Klerus

Christus hat nach dem Zeugnis der Bibel einzelne Männer zu einem besonderen Dienst gerufen. Darauf beruft sich die Kirche, wenn sie Männern das Weihesakrament spendet und sie damit in den **Klerus** aufnimmt. Gemäß den drei Stufen dieses Sakraments gibt es auch für das dadurch verliehene Amt bzw. für den mit dem Amt verbundenen Dienst drei Stufen: den Diakonat, das Priesteramt und das Bischofsamt.

Demgegenüber gibt es die **Laien** (von griechisch »laos« = das Volk). Ihnen kommt nach der Lehre der Kirche aufgrund ihrer Taufe das »allgemeine (königliche) Priestertum« zu. Sie üben es aus zum Beispiel durch ihre Mitwirkung bei der Darbringung der eucharistischen Gaben, durch ihr Gebet, ihr Glaubenszeugnis und durch Werke der Nächstenliebe.

Beide, Klerus und Laien unterscheiden sich hinsichtlich ihres Amtes, ihres Dienstes und ihrer unterschiedlichen Berufung. Sie sind aber auch aufeinander verwiesen, einander zugeordnet und haben beide Anteil an der Würde des wahren, ewigen Hohepriesters der Kirche, Jesus Christus. Aus beiden gemeinsam ist die Kirche aufgebaut.

◄ *In der Kirche gibt es viele und vielfältige Ämter und Aufgaben, sie alle sind wichtig*

Die drei Stände des Klerus

Die drei geistlichen Stände (des Klerus) sind Diakon, Priester und Bischof.

Diakon

Von griechisch »diakonia« = sozialer Dienst, Werk der Barmherzigkeit.

Innerhalb der drei Stufen des Amtes ist der Diakon im Auftrag des Bischofs Helfer und Diener – vor allem natürlich des Pfarrers in einer Pfarrei. Schon in der Apostelgeschichte (Apg 6–7) gibt es den Diakon als hauptamtlichen Helfer der Apostel bei sozialen Werken. Die spätere eigenständige Ausgestaltung dieses Dienstamtes, zu dem vor allem Verwaltungsaufgaben und die Sorge für die Armen gehörten, ging seit dem 9. Jahrhundert verloren.

Bis zum Zweiten Vatikanischen Konzil war der Diakonat in der Regel nur noch die Durchgangsstufe zum Priesteramt. Heute kann es sich beim Diakonat entweder um eine Vorstufe zur Priesterweihe handeln oder um einen sogenannten ständigen Diakon.[57] Der ständige Diakon kann das Amt haupt- oder nebenberuflich ausüben. Er darf verheiratet sein, es bedarf aber für die Weihe der Zustimmung seiner Ehefrau.

Spezielle Befugnisse des Diakons sind – im Auftrag des Bischofs, des Dekans und des Pfarrers – Taufen und Trauungen, die Verkündigung des Evangeliums und die Homilie (Predigt) in der heiligen Messe sowie kirchliche Begräbnisse.

Der Diakon trägt die Stola quer über der linken Schulter

Priester

Von griechisch »presbyter« = Älterer, im Sinne eines Gemeindevorstandes.

Die Priester sind den Bischöfen als Mitarbeiter vor Ort zur Seite gestellt. Wo sie – was der häufigste Fall ist – in einer Pfarrei wirken, nehmen sie in Vertretung des Bischofs die Leitungsverantwortung wahr. Priester leben ehelos (zölibatär); ihre vielfältigen Aufgaben üben sie in der Regel hauptberuflich aus. Zu ihrem wesentlichen Dienst gehört es, die Feier der Eucharistie in der Gemeinde zu leiten.

Zur Kleidung des Priesters gehört der Kollar, ein schmaler weißer Kragen

Der Priester kann alle Sakramente spenden außer dem Weihesakrament. Mit Genehmigung des Bischofs kann ein Priester ausnahmsweise auch die Firmung spenden.

Bischof

Der Grazer Diözesanbischof Egon Kapellari mit Brustkreuz und Bischofsring

Von griechisch »episkopos« = Aufseher; Vorsteher einer Ortskirche (Bistum, Diözese).

Die Bischöfe sind Träger der Fülle des Weihesakraments und stehen in der unmittelbaren Nachfolge der Apostel.[55] Sie sind für den Aufbau der ihnen anvertrauten Teilkirche verantwortlich. Sie sollen für die ihnen Anvertrauten Hirten sein. Insbesondere sind sie Mitträger der kirchlichen Lehrautorität.

In der Regel ist der Bischof Leiter einer Diözese und als solcher dort zugleich höchster Vorgesetzter für Priester und Diakone. Er wird vom Papst aus dem Kreis der Priester ausgewählt. Es gibt aber eine Reihe von Diözesen, die für die Wahl ihres Bischofs historisch »verbriefte« Mitwirkungsrechte besitzen.

Nur der Bischof kann das Weihesakrament und (in der Regel) die Firmung spenden.

Details zum Thema Weihe

Die einzelnen Weihestufen werden nur nacheinander verliehen, in bestimmten zeitlichen Abständen. Das heißt, nur ein Diakon kann zum Priester, nur ein Priester zum Bischof geweiht werden.

Da der Bischof die höchste Weihestufe ist, sind auch der Papst und die Kardinäle Bischöfe mit besonderen Befugnissen. Demgemäß ist zum Beispiel die Amtseinführung des Papstes keine »Papstweihe«, weil er schon bei seiner Bischofsweihe die Fülle des Weihesakraments empfangen hat.

Im Hochmittelalter galt auch die Königssalbung als Weihesakrament (bei Petrus Damiani, † 1072) und der König selbst somit als sakrale Person.

Die Laien

Das Zweite Vatikanische Konzil hat erstmals in der Kirche ausführlich die große Bedeutung und die Würde der Laien hervorgehoben. Sie bilden gemeinsam mit dem Klerus die Kirche (im Unterschied zum Kirchenbild einer reinen Klerus-Kirche mit den Laien gleichsam als »Kundschaft«). Den Laien sind besonders die Erfahrungen in und mit der Welt vertraut, die sie in die Kirche einbringen.

Laien im hauptamtlichen kirchlichen Dienst

Heute gibt es auch immer mehr Laien, die den Weg einer kirchlichen Berufsausbildung mit theologischen Studien einschlagen, ohne ein Weiheamt anzustreben. So hat sich eine Reihe hauptamtlicher kirchlicher »Berufsbilder« von Laien wie z.B. die Pastoralassistenten etabliert. Viele Aufgaben, die früher nur von Klerikern wahrgenommen worden sind, können und werden heute auch von Laien erledigt – sofern sie eine entsprechende Ausbildung haben (Religionsunterricht, Krankenhausseelsorge und so weiter).[56] In der Praxis bedarf es für die Zusammenarbeit von hauptamtlichen Laien und Geistlichen klarer Regelungen und Absprachen, damit es nicht zu Kompetenzkonflikten zwischen Laien und Klerikern kommt.[57]

Stichworte zum Thema Bischof

Papst

Er ist Bischof von Rom und gilt als Nachfolger des Apostels Petrus, welcher nach der Tradition der erste Bischof von Rom war. Jesus übertrug ihm die Leitung des Apostelkreises: »Du bist Petrus und auf diesen Felsen werde ich meine Kir-

Papst Benedikt XVI. bei
seinem Besuch in Bayern
(2006)

che bauen« (Mt 16,18). Deshalb ist der Papst der Höchste unter den Bischöfen und als solcher auch das Oberhaupt der universalen römisch-katholischen Kirche. Der Papst wird von den Kardinälen gewählt.

Kardinal (von lateinisch »cardo« – Türangel)

Die Kardinäle bilden das Kardinalskollegium, den engsten Beraterkreis des Papstes. Der Papst ernennt die Kardinäle üblicherweise aus dem Kreis der Bischöfe. Es wurden aber auch schon andere verdiente Priester-Theologen zu Kardinälen ernannt. Diese werden dann vor der offiziellen Kardinalserhebung zum Bischof geweiht. Die purpurne Farbe ihres Gewandes symbolisiert ihre Bereitschaft, im Ernstfall für Christus und die Kirche ihr Leben zu opfern.

Der Wiener Erzbischof, Kardinal Christoph Schönborn auf einem Dekanatsjugendfest (2007)

Erzbischof

Er ist Bischof einer Erzdiözese (Metropole) und wird deshalb auch Metropolit genannt. Der Erzbischof ist den anderen Bischöfen seines Metropolitanverbandes (den sogenannten Suffraganbischöfen) in bestimmten Angelegenheiten vorgesetzt, die das Kirchenrecht festlegt. Um Erzbischof zu werden, bedarf es keines besonderen Rechtsaktes – der Erzbischof ist der Bischof der Erzdiözese. Er ist auch an bestimmten Elementen seiner Kleidung erkennbar. So wird dem Erzbischof vom Papst das Pallium verliehen – das ist jener Schal aus Wolle, der die Sorge des Hirten um seine Schafe zum Ausdruck bringen soll.

Weihbischof

Ein Bischof, der keine eigene Diözese leitet, sondern einem Diözesanbischof zugeordnet ist und ihn u.a. bei Weihehandlungen in der Diözese vertritt, wird Weihbischof genannt. Er ist dem Diözesanbischof zur Unterstützung – meist für besondere Aufgaben – beigegeben. Daher auch die Bezeichnung Auxiliarbischof (lateinisch »auxiliare« = helfen).

Der Osnabrücker Bischof Franz-Josef Bode auf dem Deutschen Katholikentag in Hamburg (2000)

Titularbischof

Diese Bezeichnung trägt ein Kleriker, der die Bischofsweihe empfangen hat, aber aufgrund seines besonderen Aufgabengebiets nicht einer konkreten Diözese vorsteht (zum Beispiel ein Päpstlicher Nuntius). Ein solcher Bischof wird dem Titel nach mit der Verantwortung für eine Diözese betraut, die es zwar historisch real gegeben hat, die aber als solche nicht mehr besteht. So war der frühere Päpstliche Nuntius in Österreich, Donato Squicciarini, Titularerzbischof von Tiburnia (Teurnia), des spätantiken Bischofssitzes in der römischen Provinz Noricum. Auf diese Weise kommt auch die Kontinuität der Kirche durch die Zeiten hindurch zum Ausdruck.

Bischofsvikar und Generalvikar

Der Diözesanbischof kann Priester mit seiner Stellvertretung beauftragen. Wenn ihre Beauftragung einen speziellen Bereich umfasst, nennt man sie Bischofsvikare (zum Beispiel »Bischofsvikar für die Orden«). Der höchste Vikar, der den Bischof in allen Belangen vertritt, heißt Generalvikar. Er ist Vertreter des Diözesanbischofs auf dem Gebiet der Leitung und Verwaltung.

Bischöfe in Kasel und Mitra auf der internationalen Ministranten-wallfahrt in Rom (2006)

Bischofskonferenz

Die Bischöfe einer Region (meist: eines Landes) bilden gemeinsam die Bischofskonferenz dieser Region. Denn es gibt eine Reihe von Entscheidungen, die sie gemäß dem Kirchenrecht nur in ihrem Kollegium gemeinsam treffen können. Dazu zählen etwa bestimmte Sonderregelungen für die Liturgie, zur Fastenordnung oder zur Priesterausbildung. Die Bischofskonferenz tritt unter einem gewählten Vorsitzenden mehrmals jährlich zusammen. Alle fünf Jahre begibt sich die Bischofskonferenz auf eine Pilgerfahrt nach Rom, »zu den Schwellen der Apostelgräber«,[58] wo sie dem Papst auch einen Rechenschaftsbericht ablegt.

Zum erweiterten Kreis einer Bischofskonferenz können die Äbte der größeren Klöster eingeladen werden.

Synode

Synoden (griechisch »synodos« = Zusammenkunft, Versammlung) sind Versammlungen von Priestern einer Diözese unter der Leitung des Bischofs (Diözesansynode) oder Versammlungen von Bischöfen unter der Leitung des Papstes (Bischofssynode). Meist wird den Teilnehmern einer Synode ein konkretes Thema zur Behandlung vorgelegt.

Konzil

Ähnlich wie die Synoden sind auch Konzilien (lateinisch »consilium« = Rat, Beratung) Bischofsversammlungen, die zu bestimmten Fragen Beratungen anstellen. Vom Kirchenrecht her steht das Konzil im Rang über einer Synode. Denn auf dem Konzil ist im Papst und den Bischöfen das Apostelkollegium versammelt.[59] Kann man auf einem Konzil davon sprechen, dass aufgrund seiner allgemeinen Einberufung dort die Bischöfe der gesamten kirchlichen Welt repräsentiert sind, bezeichnet man das Konzil als Allgemeines oder Ökumenisches Konzil (von griechisch »oikumene« = die gesamte bewohnte Welt). Inwieweit ein solches Konzil gegen den Papst oder an seiner Stelle maßgebliche Entscheidungen für die Kirche treffen könnte, ist in der Kirchengeschichte immer wieder diskutiert worden (»Konziliarismus«).

Stichworte zum Thema Priester

Pfarrer

Priester, der Leiter einer Pfarrgemeinde ist

Kaplan

priesterlicher Helfer des Pfarrers in einer Pfarrgemeinde – meist jüngerer Priester[60] in Ausbildung für die spätere eigenverantwortliche Leitung einer Pfarrei

Dechant/Dekan

Vorgesetzter der Pfarrer innerhalb eines Dekanats

Der Pfarrer ist unmittelbarer Ansprechpartner für die Mitglieder seiner Gemeinde

Pater

Angehöriger eines Ordens, der Priester ist (nicht zu verwechseln mit einem Pfarrer)

Monsignore

päpstlicher Ehrentitel, kann prinzipiell jedem verdienten Priester, in Sonderfällen auch jedem verdienten katholischen Mann, verliehen werden: in Italien Anrede für den Bischof

Generalvikar

Stellvertreter des Bischofs in einer Diözese, er wird vom Bischof frei ernannt und muss Priester sein

Die wichtigsten Konzilien

Die Gesamtheit der Bischöfe repräsentiert zu jeder Zeit das Kollegium der Apostel, dem Jesus nach dem Zeugnis des Neuen Testaments seine Kirche anvertraut hat. Nach katholischem Verständnis stehen sie unter der Leitung des Papstes, des Nachfolgers des Apostelfürsten Petrus. Gemeinsam mit ihm haben sie die Fülle der Lehr- und der Leitungsvollmacht über die Kirche inne.

Immer, wenn drängende Fragen für die Kirche zu lösen waren, trat dieses Bischofskollegium mit dem Papst zusammen – zu einer Synode oder zu einem Konzil, um die anstehenden allgemeinen Probleme und theologischen Fragen nach Möglichkeit einer Lösung zuzuführen.

Wer nimmt an einem Konzil teil?

Das Recht auf die Einberufung und den Vorsitz eines Konzils haben mitunter die weltlichen Herrscher für sich in Anspruch genommen (zum Beispiel Kaiser Konstantin für das Konzil von Nicäa 325 n.Chr.). Heute liegt es allein beim Papst. Er muss auch die Beschlüsse eines Konzils bestätigen, wenn sie rechtswirksam werden sollen.

Sind auf einem Konzil im Wesentlichen alle Bischöfe der Welt repräsentiert, spricht man von einem ökumenischen Konzil. Auf dem bisher letzten großen ökumenischen Konzil, dem Zweiten Vatikanischen Konzil (1962–1965), waren auch nichtbischöfliche Theologen als Berater und Vertreter nicht-katholischer Kirchen als Beobachter anwesend. Sie hatten zwar kein Stimmrecht, ihre theologische Kompetenz und Reflexion fand aber bei diesem Konzil zunehmend Beachtung.

Das Apostelkonzil von Jerusalem
(48/49 n.Chr.)

Das Apostelkonzil ist gleichsam das Urbild aller Konzilien. Sein Verlauf wird noch im Neuen Testament geschildert (Apg 15,1–35). Einberufen wurde es aufgrund der Forderung einer judenchristlichen Gruppe nach der Beschneidung der Hei-

Blick in die Konzilsaula des Zweiten Vatikanischen Konzils (1962–1965)

denchristen und nach Einhaltung der jüdischen Speisevorschriften. Letztlich ging es um die zentrale Frage, wie man Heiden in die judenchristliche Urgemeinde integrieren sollte. Das Konzil entschied sich für eine Öffnung der Kirche und förderte so die Ausbreitung des Christentums: Heiden, die Christen werden wollten, wurden nicht auf das jüdische Gesetz verpflichtet.

Petrus und Paulus, neben Jakobus die Hauptakteure des Apostelkonzils, auf einer frühchristlichen Darstellung

Die vier ökumenischen Konzilien

von Nicäa (325 n.Chr.), Konstantinopel (381 n.Chr.), Ephesus (431 n.Chr.) und Chalcedon (451 n.Chr.)

Nach der öffentlichen Anerkennung des Christentums im Römischen Reich unter Kaiser Konstantin dem Großen wurden sie von den Kaisern zur Lösung von theologischen Grundfragen einberufen. Sie legten so das Fundament für die christliche Lehre über die Dreifaltigkeit, über Christus und Maria. Bis heute sind ihre Aussagen von größter Relevanz, weil sie von den meisten christlichen Konfessionen – vor aller Spaltung – anerkannt werden.

Papst Innozenz III. (1160–1217), der mächtigste Papst der Kirchengeschichte

Das vierte Laterankonzil (1215)

Auf dem Höhepunkt der päpstlichen Macht im Mittelalter wurde es von Papst Innozenz III. einberufen. In erster Linie war es ein Seelsorgskonzil. Es legte aber auch den Grundstein für ein einheitliches Kirchenrecht. Unter anderem schreibt es die Pflicht fest, einmal im Jahr die Beichte und die Kommunion zu empfangen. Die Pfarrei wird als kirchliche Verwaltungseinheit vor Ort festgelegt, die für den einzelnen Gläubigen zuständig ist.

Konzilien von Pisa (1409), Konstanz (1414–1418) und Basel (1431–1449)

Die drei Konzilien des Spätmittelalters gehören in den Kontext des »Großen Abendländischen Schisma« (das bedeutet, dass zu dieser Zeit bis zu drei Päpste gleichzeitig den Anspruch auf die Leitung der Kirche erhoben). Ihr Ziel war die »Reform der Kirche an Haupt und Gliedern«. Als die Situation festgefahren schien, gab es den Gedanken, man müsse die Institution des Papsttums als Garant der kirchlichen Einheit nun durch das Konzil ersetzen (Konziliarismus) – ein verzweifelter Lösungsversuch, der sich nicht durchsetzen konnte. Nach mehreren Anläufen erzielte man schließlich 1417 durch die Krönung Martins V. zum Papst eine erste Beruhigung. Als kirchengeschichtlich schwere Hypothek erwies sich die Hinrichtung von Jan Hus – trotz der Zusicherung freien Geleits – 1416 während des Konzils von Konstanz.

Konzil von Trient
(1545–1547, 1551–1552, 1561–1563)

Dieses Konzil, auch Tridentinum genannt, war als Antwort der katholischen Kirche auf die Reformation gedacht. Aufgrund verschiedenster politischen Wirren und Kriege kam es zu langen Unterbrechungen. Manche Erneuerungsansätze waren zwar erfolgreich, etwa die Reform von Klerus und Eherecht, die Kirchenspaltung wurde in Trient aber eher bekräftigt als überwunden. Die Grundtendenz des Konzils war: Erneuerung des Katholizismus durch Vereinheitlichung. Trotz der erheblichen Schwierigkeiten, mit denen es zu kämpfen hatte, ist das Tridentinum prägend für die folgenden Jahrhunderte geworden (zum Beispiel durch die Reform des Messbuchs).

Das Konzil von Trient;
Gemälde aus dem Kloster
Stans (1769)

Erstes Vatikanisches Konzil (1869–1870)

Das Erste Vatikanum, wie es häufig genannt wird, wird heute vor allem als Abwehrreaktion der römischen Kirche gegenüber der »modernen Welt« und ihren Ausdrucksformen wie Demokratie und Religionsfreiheit interpretiert – nach den negativen Erfahrungen der Kirche mit den revolutionären Aufbrüchen von 1789 und 1848. Die umstrittene Diskussion um den Primat (Vorrangstellung) des Papstes mündete in das Dogma der päpstlichen Unfehlbarkeit. Daraufhin kam es zur Abspaltung der Altkatholischen Kirche. 1870 wurde das Konzil wegen der Besetzung des Kirchenstaats durch italienische Nationaltruppen abgebrochen.

Die Lehre der Kirche wird gerne mit der harmonischen Architektur eines Gebäudes verglichen

Zweites Vatikanisches Konzil (1962–1965)

Überraschend und spontan erschien seine Einberufung durch Johannes XXIII. Es gab zwar bereits Vorbereitungen seines Vorgängers Pius XII.; der hatte die Pläne aber wieder beiseite geschoben. Nach dem Tod Johannes XXIII. wurde das Konzil von seinem Nachfolger Paul VI. fortgesetzt und abgeschlossen. Das Leitwort des Konzils war »Aggiornamento« (italienisch für »Verheutigung«). Man verzichtete bewusst auf Verurteilungen, stattdessen setzte das Konzil symbolträchtige Handlungen. Erstmals wurde wirklich die Repräsentanz der Bischöfe weltweit auf einem Konzil sichtbar. Begleitet wurde das Zweite Vatikanum von großer inner- und außerkirchlicher Aufmerksamkeit. Es stellte sich auch der offenen Diskussion der Probleme der Welt nach dem Zweiten Weltkrieg.

Nachhaltig wirken seine Beschlüsse zur ökumenischen Zusammenarbeit mit anderen Konfessionen und zum Dialog mit anderen Religionen, vor allem mit dem Judentum. Neuerungen ergaben sich für die Liturgie im Allgemeinen und die Feier der heiligen Messe. Die Umsetzung der Beschlüsse des Konzils ging nicht spannungsfrei vonstatten, ein häufig diskutiertes Thema ist die nachkonziliare Entwicklung der Liturgie.

Zweites Vatikanisches Konzil, der Auszug der Konzilsväter aus dem Petersdom

Kirchen-
geschichte
im
Überblick

Kirchengeschichte – das ist nicht nur die Geschichte der römischen Päpste oder die Geschichte des Investiturstreits, der Kreuzzüge und anderer dramatischer historischer Ereignisse. Die Kirchengeschichte beschreibt zweitausend Jahre, in denen versucht wurde, die Botschaft des Evangeliums Jesu Christi unter den jeweiligen Zeitumständen zu leben. Einige dieser Versuche muten dem modernen Menschen fremd an, einige können auch heute noch faszinieren. Eine auch nur annähernd vollständige Darstellung der Kirchengeschichte kann im Rahmen dieses Buches nicht geleistet werden. Auch ist gerade bei diesem Thema die Beschränkung auf die katholische Kirche ebenso problematisch wie eine rein europäische Perspektive. Beide Vorbehalte müssen jedoch in Kauf genommen werden, um hier in der gebotenen Kürze zumindest einen Überblick zu gewährleisten.

Frühchristentum
(1. bis 4. Jh.)

Die sogenannte Epoche des Frühchristentums beginnt um 70 n.Chr. mit dem Tod der letzten Apostel und Augenzeugen der Geschichte Jesu. In ihr beginnt die folgenreiche Trennung der jungen Christengemeinde vom Judentum. Danach versucht das Christentum, sich als neue, selbstständige Religion im Römischen Reich (und teilweise darüber hinaus) auszubreiten. Es ist die Zeit der Christenverfolgungen, während der viele Gläubige ihre Standhaftigkeit mit dem Leben bezahlen müssen. In den ersten beiden Jahrhunderten werden die wichtigsten christlichen (Bekenntnis-)Schriften, vor allem das Neue Testament, verfasst oder in ihrer heutigen Gestalt abgeschlossen. Der christliche Glaube und die christliche Sittenlehre werden darin erstmals auf den Begriff gebracht und gegenüber Irrlehren abgegrenzt.

Auch die kirchlichen Ämter – Diakon, Priester und Bischof – finden ihre erste konkrete Gestalt.

◄ *Die Kirche als Gemeinschaft ist aus der langen Vergangenheit unterwegs in die Zukunft (1987)*

Zeit der Reichskirche
(4. bis 5. Jh.)

Im Edikt von Mailand (313) gestattet Kaiser Konstantin den Christen die freie Ausübung der Religion (sein Nachfolger Theodosius erhebt das Christentum achtzig Jahre später zur Staatsreligion). Aus der verfolgten Kirche wird schrittweise die Reichskirche, die Bischöfe erlangen den Status hoher römischer Beamter. Ihr Zentrum hat die Christenheit jetzt in Konstantinopel, wohin der Kaiser seine Residenz verlegt hat, der sich selbst als Oberhaupt der Kirche betrachtet. Von den Kaisern einberufen, tagen die ersten und bis heute grundlegenden ökumenischen Konzilien von Nicäa (325), Konstantinopel (381), Ephesus (431) und Chalcedon (451). Auf ihnen werden die zentralen Dogmen über das Wesen Jesu Christi, über das Verhältnis seiner Gottheit und Menschheit, über den dreifaltigen Gott und über Maria formuliert und verkündet.

Der gute Hirte; frühchristliches Deckengemälde (Ende 3. Jh.)

Münze mit dem Bildnis
Kaiser Konstantins,
auf dem Helm das
Christusmonogramm
(4. Jh.)

Die neue Öffentlichkeit des Christentums bringt der Kirche einen massenhaften Zulauf. Freilich zahlt sie dafür einen hohen Preis: Die religiöse und die sittliche Praxis verflachen zunehmend. So kehren damals die ersten Unzufriedenen der Kirche in den Städten den Rücken und gehen in die Einsamkeit – die ersten Klöster entstehen. Im west- und mitteleuropäischen Raum geht diese erste Gestalt einer christlichen Gesellschaft und Kultur in den Wirren der Völkerwanderung fast gänzlich unter.

Frühes Mittelalter
(5./6. bis 10. Jh.)

Im Jahr 498 wird der Frankenherrscher Chlodwig in Reims getauft. Damit nimmt der erste Stamm der Völkerwanderung das katholische Christentum an. Die Franken, vor allem die Karolinger unter Karl dem Großen, dehnen in der Folge durch Eroberungen und geschickte Kulturpolitik ihr Reich von Westen her über ganz Europa aus. Es entsteht Schritt für Schritt eine neue, einheitlich christliche Gesellschaft – nicht zuletzt auch durch die gewaltsame Christianisierung der unterworfenen (heidnischen) Stämme und Völkerschaften. Zugleich etabliert sich der Papst als Oberhaupt der Christenheit in West- und Mitteleuropa. Das entscheidende Fundament dieser Gesellschaft ist die enge Allianz zwischen dem weltlichen Herrscher und dem Papst.

Gestalt, die Hände zum
Gebet erhoben; Fragment
aus einer Altarschranke
(8. Jh.)

Meilensteine dieser Entwicklung sind die Anfänge des Kirchenstaates 754 (durch die sogenannte »Pippinische Schenkung«) und die Krönung von Karl dem Großen zum römischen Kaiser an Weihnachten 800 in Rom.

Karl der Große erkennt im Christentum die einigende Kraft für sein Reich. Daher sollen alle Bereiche des weltlichen und geistlichen Lebens durch eine Reform von christlicher Bildung, Kultur und Lebensweise durchdrungen werden. Die religiösen Inhalte dafür kommen aus Rom und von romtreuen Mönchen, die Karl von den Britischen Inseln ins Reich holt. So wird das westliche Christentum ein römisches, also auch ein lateinisches Christentum. Die Verwurzelung der christlichen Lehre bei den zwangsgetauften Stämmen wird zwar nicht sofort und zur Gänze gelungen sein. Dennoch ist am Eingang des Mittelalters das Fundament für ein christliches Reich gelegt. An dessen Spitze stehen der Papst in Rom als geistliches Oberhaupt und der jeweilige Herrscher »von Gottes Gnaden« als weltlicher Machthaber und Beschützer der Kirche.

Hoch- und Spätmittelalter
(11. bis 15. Jh.)

Das Hochmittelalter wird maßgeblich bestimmt vom ersten Zerbrechen dieses selbstverständlichen Bündnisses von »Thron und Altar« und infolgedessen von der Auseinandersetzung zwischen Kaiser- und Papsttum um die Vorrangstellung. Seinen Höhepunkt erreicht dieser Konflikt im sogenannten Investiturstreit (1075–1122), der sich zwischen Kaiser Heinrich IV. und Papst Gregor VII. an der Frage entzündet, wem das Recht zukomme, Bischöfe – die ja auch Reichsfürsten waren – in ihr Amt einzusetzen: dem Kaiser oder dem Papst. Der Streit wird erst 1122 mit dem Wormser Konkordat, einem Kompromiss, der eine doppelte Amtseinsetzung vorsieht, beigelegt.

Maria betrauert den toten Jesus; Vesperbild (um 1420)

Am enormen kulturellen und wirtschaftlichen Aufschwung im 11., 12. und 13. Jahrhundert haben nicht zuletzt die großen Ordensgemeinschaften entscheidenden Anteil. Die alten Orden wie die Benediktiner und die Zisterzienser erleben Blütezeiten. Neue Ordensgemeinschaften wie die Franziskaner und die Dominikaner entstehen. Ihnen verdankt die scholastische Theologie ebenso wesentliche Impulse wie die romanische und später die gotische Baukunst.
Das Verhältnis der westlichen Gesellschaft zum christlichen Osten wird unterdessen seit dem 7. Jahrhundert immer gespannter. Als 1054 eine päpstliche Gesandtschaft und der Patriarch von Konstantinopel den Bannfluch gegeneinander aussprechen, kommt es in Folge schließlich zum endgültigen Bruch zwischen Ost- und Westkirche.

Ab dem Ende des 11. Jahrhunderts folgen – vom einfachen Ritter bis zum Kaiser – Kämpfer »im Namen Gottes« dem Ruf zum Kreuzzug. Sie wollen das Heilige Grab in Jerusalem aus den Händen der »Ungläubigen« befreien. Diese Unternehmungen finden letztlich ein unrühmliches und für alle Beteiligten tragisches Ende.

1309 bis 1377 verlegen die Päpste ihre Residenz ins französische Avignon (»Babylonisches Exil der Päpste in Avignon«). 1378 bis 1417 beanspruchen bis zu drei Päpste gleichzeitig das Recht auf die Leitung der Kirche. Diese Kirchenspaltung geht als Großes Abendländisches Schisma in die Geschichte ein. Die Krise des Papsttums stürzt auch die einfachen Gläubigen in tiefe Unsicherheit. Zudem wird der Tod infolge von Hungersnöten, Pestepidemien und Kriegen zum ständigen Begleiter der Menschen. Ihr Alltag und ihr religiöses Empfinden verdüstern sich. Mitten in dieser religiösen Verunsicherung und existenziellen Bedrohung zeugen auch beeindruckende Kunstwerke der Spätgotik und der Deutschen Mystik von einem großen spirituellen Reichtum am Vorabend der Reformation.

Reformation, Katholische Reform und Gegenreformation
(16. und 17. Jh.)

Am Ausgang des späten Mittelalters wird in weiten Teilen Europas der Ruf nach einer Reform der Kirche immer lauter. In den romanischen Ländern (vor allem Spanien und Italien) nehmen einzelne charismatische Gestalten diesen Ruf auf. Sie suchen nach zeitgemäßen Formen der Frömmigkeit. So erneuern sie die alten Orden oder gründen neue Gemeinschaften wie etwa Teresa von Avila (Karmelitinnen) oder Ignatius von Loyola (Jesuiten). Man spricht in diesem Zusammenhang von der Katholischen Reform.

Im deutschen Kaiserreich hingegen findet der Augustinereremit Martin Luther mit seiner aus persönlicher Glaubensnot entstandenen Kritik an Theologie und Kirche wenig

»Mystiker-Kreuz«:
monumentales Ast-
kruzifix mit Christus,
von Schmerzen gezeichnet
(14. Jh.)

Martin Luther löste durch seinen Protest gegen Missstände in der Kirche die Reformation aus

Gehör. Wohl mehr aus politischen denn aus theologischen Gründen eskaliert der Konflikt, der auch durch das Temperament der handelnden Personen angeheizt wird. In letzter Konsequenz kommt es zur reformatorischen Kirchenspaltung. Neben der lutherischen Kirche in Deutschland entstehen weitere protestantische Kirchen, vor allem in der Schweiz und in England. Die west- bzw. mitteleuropäische Einheit, die im Prinzip seit Karl dem Großen bestanden hatte, droht zu zerbrechen. Ganze Fürstentümer kehren dem Katholizismus den Rücken. So treten katholische Fürsten und Kaiser zur Rettung der »Christianitas«, der Einheit des Reiches an und erzwingen, nachdem ihre Bemühungen gescheitert sind, in der Gegenreformation teilweise mit Gewalt die Re-Katholisierung.

Die katholische Kirche beruft schließlich das Konzil von Trient (1545–1563) ein, um die notwendige Erneuerung zu verwirklichen. Für eine Reihe von grundlegenden Problemstellungen finden sich nachhaltige Lösungen, etwa für die Reform des Klerus oder des Eherechts. Die faktische Kirchenspaltung bleibt aber irreversibel. Vielmehr wird die Kluft zu den Vertretern der Reformation durch eine Fülle von Lehrverurteilungen noch vertieft. Es dauert nur ein halbes Jahrhundert, bis ganz Zentraleuropa zum Schauplatz des Dreißigjährigen Krieges (1618–1648) wird, in dem sich die beiden verfeindeten christlichen Parteien gegenüberstehen.

Renaissance, Barock und Aufklärung
(16. bis 18. Jh.)

Wer an die Stadt Rom denkt, wird nicht zuletzt die Meisterwerke der Renaissance und des Barock vor Augen haben. Sie wurden häufig gerade von jenen Päpsten in Auftrag gegeben, unter denen es zur Kirchenspaltung gekommen ist. Während also die Kirche von der tiefsten Krise ihrer Geschichte erfasst worden war, fanden die Meister der schönen Künste offenbar in den durchaus kunstsinnigen Kirchenfürsten bereitwillige Förderer. Zur Zeit des päpstlichen Aufenthalts in Avignon hatte Rom dramatisch abgewirtschaftet. Nun wurde die Stadt von den Päpsten mit großem Aufwand neu gestaltet, im Zuge dessen kam es zur Übersiedlung der Päpste vom Lateranpalast in den Vatikan und zum Neubau der Peterskirche.

Nach dem Ende des Dreißigjährigen Krieges und dem Sieg über die Türken konnte Europa in gewissem Sinne aufatmen. Zwar standen einander nun Reiche gegenüber, die auch durch die Konfession getrennt waren – zum Beispiel das weitgehend katholische Österreich und das großteils protestantische Preußen. Aber Wohlstand und Aufschwung schufen im neuen Stil des Barock Werke von beeindruckendem Prunk und großer Lebensfreude. Die barocke Kirche setzte so nach und nach und wirkungsvoll die Ideen des Konzils von Trient um. Man will die Inhalte des katholischen Glaubens möglichst lebendig und sinnenfällig vor Augen füh-

Die barocke Fontana di Trevi, von Papst Clemens XII. um 1700 beauftragt

ren. Man schreibt Lehrschauspiele, man baut Kirchen, die den Blick in den gleichsam offenen Himmel freigeben, man errichtet Hochaltäre, auf denen sich Heilige präsentieren und Engel fröhlich bewegt den Tabernakel behüten. Gleichzeitig aber mahnen drastische Darstellungen des Todes und der Vergänglichkeit zu religiöser Zucht und Frömmigkeit. Vor allem die Jesuiten und die Kapuziner haben einen enormen Zulauf, wenn sie in ihren Predigten die vom Konzil von Trient bekräftigten Kirchenlehren den Menschen nahebringen.

Durch die Entdeckung der neuen Kontinente und durch die Fortschritte der Wissenschaft gerät das kirchliche Lehrgebäude aber auch immer häufiger in Bedrängnis:

Galileo Galilei geriet durch seine Forschungsarbeit in Konflikt mit der Inquisition

- Die Ausbreitung des Christentums in Übersee wirft bisher nicht gekannte moralische und theologische Probleme auf. Einzelne christliche Missionare treten mitunter als Mahner gegen die wirtschaftliche Ausbeutung der Ureinwohner auf, sie bleiben aber in der Minderheit.

- Der Streit um die Stellung der Erde im Kosmos (Galileo Galilei und andere) ruft Glaubenshüter auf den Plan. Sie befürchten eine Bedrohung der überlieferten Lehre, die sie durch Anwendung physischer und politischer Gewalt glauben verteidigen zu müssen.

- Schließlich erfasst der Geist der Aufklärung ganz Europa. Die Forderung nach dem »freien Gebrauch der Vernunft« macht auch vor dem überlieferten Christentum nicht halt. Die gebildeten Kreise durchforschen Bibel und Theologie nach vermeintlich Unvernünftigem und Widersprüchlichem. Übrig bleibt oft nicht mehr als ein recht kümmerlicher Glaube an einen unpersönlichen Weltenerschaffer, einen göttlichen Uhrmacher (Deismus).

In Österreich greifen die weltlichen Herrscher stark in die Strukturen und Gewohnheiten der Kirche ein, mit der Absicht, durch zahlreiche Verordnungen das kirchliche Leben im Namen der Vernunft zu vereinfachen (»Josephinismus«, abgeleitet von Kaiser Joseph II., dem Hauptvertreter dieser

Religionspolitik). In Frankreich eskaliert die Revolution von 1789 in letzter, grausamer Konsequenz zu einem Kampf im Namen von Freiheit, Gleichheit und Brüderlichkeit gegen die überlieferte Religion. Man zerstört die Kirchen und vertreibt Priester und Ordensleute. Wer sich nicht fügen will, wird ermordet.

Die Moderne
(19. und 20. Jh.)

Das 19. Jahrhundert steht ganz im Zeichen der »Nachwehen« der Französischen Revolution und der napoleonischen Kriege. Der Wiener Kongress (1814–1815) nimmt sich die Neuordnung Europas nach Napoleon vor. Er hinterlässt konfessionell gemischte Staatsgefüge. 1848 stehen überall in Europa erneut die Menschen auf den Barrikaden. Pius IX., ursprünglich den Gedanken der Erneuerer nicht abgeneigt, lernt die Grausamkeit der Revolution unmittelbar kennen. Daher wechselt er auf die Seite der sogenannten alten Ordnung, des Neo-Absolutismus. Er und seine Nachfolger werden nicht müde, die neuen Ideen von Gleichheit, Meinungsfreiheit und Demokratie propagandistisch zu bekämpfen. Dabei gerät die römische Kirche immer mehr in eine weltanschauliche Auseinandersetzung. 1870 stürmen italienische Freiheitstruppen die Stadt Rom und heben den Kirchenstaat auf, indem sie ihn in den neuen italienischen Nationalstaat eingliedern. Der Papst zieht sich freiwillig in den Vatikan zurück und betrachtet sich selbst als Gefangenen. Umso mehr orientieren sich die Gläubigen in aller Welt nun an seinen Worten und Weisungen (Ultramontanismus) und bekunden demonstrativ ihre Solidarität mit »dem Nachfolger Petri in Ketten«.

Das Erste Vatikanische Konzil wird 1869 einberufen, auch um den angeblich »verderblichen Strömungen der Zeit« entgegenzutreten. Es muss aber – nach der Proklamation der päpstlichen Unfehlbarkeit – wegen des Ausbruchs des deutsch-französischen Krieges und der Besetzung des Kir-

Pius IX. prägte maßgeblich die Kirche des 19. Jahrhunderts

chenstaates durch italienische Nationaltruppen 1870 abgebrochen werden. Päpstlicherseits häufen sich die kirchlichen Lehräußerungen mit Verurteilungen der modernen Zeit. Vermeintlich Abtrünnige in den eigenen Reihen werden oft mit Misstrauen verfolgt.

Angesichts der massenhaften Verelendung, die infolge der Industrialisierung Europa bedroht, findet Papst Leo XIII. klare und viel beachtete Worte in seiner richtungsweisenden Enzyklika »Rerum novarum« (1891). Zahlreiche Priester und auch einfache Katholiken engagieren sich fortan politisch im sozialen Bereich.

Nach dem Ersten Weltkrieg brechen die großen europäischen Monarchien zusammen. Nun muss die Kirche meist unter Schwierigkeiten lernen, sich im komplizierten Kräftespiel der jungen Demokratien zu behaupten.

Die großen Diktaturen des Kommunismus, des Faschismus und des Nationalsozialismus erweisen sich als geistige und geistliche Herausforderung. Sie fordern der Kirche im 20. Jahrhundert schweren Blutzoll ab. Nach dem Zweiten Weltkrieg ist die Kirche zunehmend in der Lage, ihre Lehren aus vergangenen Fehlern zu ziehen und zum Beispiel ihr Verhältnis zum Judentum neu zu bestimmen.

Der Weg ins dritte Jahrtausend

Das Zweite Vatikanische Konzil (1962–1965) vollzieht die Hinwendung der katholischen Kirche zur modernen Welt und zugleich eine »Bekehrung« der Kirche zu ihren wahren Quellen und Aufgaben. Durch tief gehende Reformen an Kirchenstruktur, Liturgie und Bibelverständnis werden »die Fenster zur Welt aufgestoßen«. Auf die sonst üblichen Lehrverurteilungen versucht man zu verzichten. Freilich bleiben viele Probleme offen. Sie sind bis heute bisweilen die Ursache von Glaubwürdigkeitsproblemen und Spannungen.

Die internationalen Reisen von Papst Johannes Paul II. in seiner Amtszeit von 1978 bis 2005 führen den Aspekt der umfassenden (»katholischen«) Kirche eindrucksvoll vor Augen. Denn die Mehrheit der Katholiken lebt längst nicht mehr in Europa, sondern in Südamerika, Afrika und Asien. Der Papst spricht im Jahr 2000 Vergebungsbitten für die Sünden von Christen in der Kirchengeschichte. Immer wieder setzt er bedeutsame symbolische Gesten und weist im Umgang mit den Angehörigen anderer Religionen neue Wege. Beim Fall des Kommunismus spielt er – der polnische Papst – eine wesentliche Rolle.

Johannes Paul II. auf seiner Lateinamerika-Reise (1988)

Auf dem Zweiten Vatikanum wird die weltweite Dimension der Kirche sichtbar

Die Päpste seit 1945

Pius XII. (1939–1958)

Als Päpstlicher Nuntius in Berlin hat er das Konkordat (völkerrechtlicher Vertrag über das Verhältnis eines Staates zum Vatikan) mit Hitler-Deutschland ausgehandelt. Um die Kirche in den Ländern der großen Diktaturen nicht zu gefährden, entschließt er sich während des Zweiten Weltkrieges offiziell zur Zurückhaltung und zum unparteiischen Schweigen. Nachweislich hat er im Verborgenen jedoch gerade vielen Juden und politisch Verfolgten geholfen und das Leben gerettet. Dennoch ist seine Zurückhaltung bis heute umstritten. Mit dem überaus sensiblen und hochintellektuellen Aristokraten geht eine Ära des Papsttums zu Ende.

Pius XII.
(* 2. März 1876 in Rom,
† 9. Oktober 1958 in
Castel Gandolfo)

Johannes XXIII. (1958–1963)

Er ist bereits ein alter Mann, als er zum Papst gewählt wird. Seine Ankündigung, das Zweite Vatikanische Konzil einberufen zu wollen, kommt für viele überraschend. Mit diesem Konzil, dessen Verlauf er gesundheitsbedingt nur zu Beginn und eingeschränkt beeinflussen kann, ist er auch für die bedeutendste Reform der neueren Kirchengeschichte verantwortlich. Trotz seiner kurzen Amtszeit ist er bis heute durch seinen Humor und viele seiner symbolträchtigen Handlungen im Bewusstsein auch vieler kirchenferner Menschen verankert und geachtet. Im Jahr 2000 wird er seliggesprochen.

Johannes XXIII.
(* 25. November 1881
in Sotto il Monte,
† 3. Juni 1963 in Rom)

Paul VI. (1963–1978)

Der ehemalige Kardinalstaatssekretär setzt nach dem Tod seines Vorgängers das Zweite Vatikanische Konzil fort. Er sorgt für die Aussöhnung zwischen der katholischen und der orthodoxen Kirche. In Erinnerung geblieben sind auch seine viel beachtete Reise nach Israel 1964 und seine Rede vor den Vereinten Nationen 1965. Seine Enzyklika zur Empfängnisregelung (»Humanae vitae«, 1968) löst vor allem im Westen zum Teil vehemente Kontroversen aus.

Paul VI.
(* 26. September 1897 in
Concesio, † 6. August 1978
in Castel Gandolfo)

Johannes Paul I. (1978)

Der »lächelnde Papst« stirbt bereits nach 33 Tagen. Er steht so für eines der kürzesten Pontifikate der Kirchengeschichte. Sein plötzlicher Tod gibt lange Zeit Anlass zu haltlosen Spekulationen in der Boulevard-Presse.

Johannes Paul II. (1978–2005)

Der »Papst aus Polen« spielt eine entscheidende Rolle beim Untergang des Kommunismus. Seine vielen Reisen machen ihn zum »eiligen Vater«. Er sucht das Gespräch mit Vertretern anderer Religionen und engagiert sich gegen soziale Ungerechtigkeit. 1981 ist er Ziel eines Attentats, er überlebt schwer verletzt. Wie nie zuvor ist sein Pontifikat – bis hin zu seinem qualvollen Sterben – ein Medienereignis geworden, das viele Menschen beeindruckt hat.

Benedikt XVI. (seit 2005)

Joseph Ratzinger ist zunächst Professor an verschiedenen deutschen Universitäten und bestimmt als Konzilstheologe das Zweite Vatikanum nachhaltig mit. Vor seiner Wahl zum Papst ist er lange Jahre Präfekt der römischen Glaubenskongregation und als solcher einer der engsten Mitarbeiter seines Amtsvorgängers.

In seiner ersten Enzyklika »Deus caritas est« setzt er sich mit dem Wesen der christlichen Liebe auseinander. Ein wesentliches Anliegen ist ihm der Dialog mit der orthodoxen Kirche und dem Judentum, aber auch die Hinwendung zu konservativen Kreisen der Kirche, für die die Reformen des Zweiten Vatikanums eine Irritation und Entfremdung gebracht haben. Außerdem veranlasst er strukturelle Reformen an der vatikanischen Kurie.

Johannes Paul I.
(* 17. Oktober 1912
in Forno di Canale,
† 28. September 1978 in Rom)

Johannes Paul II.
(* 18. Mai 1920 in
Wadowice, Polen,
† 2. April 2005 in Rom)

Benedikt XVI.
(* 16. April 1927 in Marktl
am Inn, Bayern)

Kleine
Ordens-
geschichte

Seit den Anfängen der Kirchengeschichte gibt es Frauen und Männer, die ihren christlichen Glauben entschlossener leben wollten, als es in ihrer Umwelt möglich war, und sich daher für ein Leben in Einsamkeit oder in einer klösterlichen Gemeinschaft entschieden haben. Von ihren Zeitgenossen wurden sie dafür häufig als Sonderlinge und Außenseiter betrachtet. Dennoch lässt sich zeigen, dass gerade von ihnen entscheidende Impulse für die Erneuerung der Kirche ausgegangen sind – ebenso wie für die wirtschaftliche, soziale und kulturelle Entwicklung der säkularen Welt. Ein liebenswürdiger Scherz meint, dass nicht einmal Gott selbst die Zahl der Ordensgemeinschaften kennt. Jedenfalls muss sich der kurze Überblick auf die allerwichtigsten Gemeinschaften beschränken.

Die Anfänge

Wüstenmönche im christlichen Osten

Mit der Erhebung des Christentums zur Staatsreligion des Römischen Reichs im vierten Jahrhundert wuchs die Zahl der Christen stark an. Die Neugetauften konnten teilweise nicht mehr gründlich in den christlichen Glauben eingeführt werden. Bald unterschied man daher in der Kirche zwischen »christiani« (Mitgliedern der Kirche) und »fideles« (den tatsächlich Gläubigen). In dieser Situation suchten einzelne Frauen und Männer nach radikaleren Wegen, das Christentum zu leben. Sie verließen ihre gewohnte Umgebung und zogen sich in die Einsamkeit zurück. Dort wollten sie Gott in Gebet, durch Werke der Askese und der Nächstenliebe preisen. Die Formen der Enthaltsamkeit, die sie dabei wählten, sind für ein heutiges Verständnis oft nicht mehr nachvollziehbar, wie zum Beispiel wochenlanges Fasten, Säulenstehen, Einmauerung in enge Höhlen. Bald gesellten sich diesen Wüstenmönchen (lateinisch »monachus« = der Alleinlebende) Schüler und Anhänger zu, kleinere Gemeinschaften entstanden vor allem in Kleinasien und Ägypten.
Eine besonders einflussreiche Einsiedlerkolonie gruppierte sich um den **Wüstenvater Antonius**. Seine Lebensbeschrei-

Der Wüstenvater Antonius besucht den greisen Eremiten Paulus (um 1635)

◀ *Barockes Chorgestühl aus dem Gurker Dom (1676)*

bung (aus der Feder des Kirchenlehrers Athanasius) wurde im vierten Jahrhundert zu einem der meistgelesenen geistlichen Bücher. Sie verbreitete den Geist des Mönchtums auch innerhalb des damaligen Europas.

Priestergemeinschaften im Westen

Im Westen stand bei den ersten Klöstern stärker der Gedanke des gemeinsamen Lebens nach dem Vorbild von Christus und den Aposteln im Vordergrund. Der heilige Bischof und Kirchenvater **Augustinus** gründete im vierten Jahrhundert eine solche Gemeinschaft für einige Priester seiner Diözese Hippo in Nordafrika, der heilige Martin von Tours gilt als der »Vater« des ersten gallischen Mönchsklosters.

Kreuzgang des ehemaligen Benediktinerstifts in Millstatt (um 1200)

Die großen Aufbrüche zu Beginn des Mittelalters

Benedikt von Nursia
(480–547)

Benedikt war als Student der Rechtswissenschaften nach Rom gekommen. Abgestoßen vom Treiben der Stadt zog er sich in die Einsamkeit von Subiaco zurück, wo er als Einsiedler lebte. Eine Mönchsgemeinschaft wurde auf ihn aufmerksam und bat ihn, die Leitung ihres Klosters zu übernehmen. Bald wurde er aber dort in Streitigkeiten verwickelt und fiel beinahe einem Giftmord zum Opfer. Er beschloss, einen neuen Anfang zu setzen. In Montecassino errichtete er ein Kloster. Dort verfasste er für die Mönche eine Regel, die seine bisherigen Erfahrungen widerspiegelt. Ihr Prinzip ist der geordnete Wechsel von Gebets- und Arbeitszeiten: »ora et labora«.[61] Darüber hinaus war Benedikt bemüht, entgegen den extremen Praktiken der östlichen Askese das rechte Maß im Auge zu behalten: »ne quid nimis« – »von nichts zu viel«. So gibt es zum Beispiel Sonderbestimmungen für das Leben in der kalten Jahreszeit und für körperlich weniger kräftige Mönche. Die drei Grundsätze, die die Benediktsregel vorschreibt, sind erstens die *Conversio morum*, also die Bekehrung der Sitten, zweitens die *Oboedientia sub abbate*, der Gehorsam gegenüber dem Abt, und drittens die *Stabilitas loci* – das heißt, dass ein Mönch ein Leben lang dem Kloster angehören soll, in das er einmal eingetreten ist.[62]

Säulenkapitell aus dem Kreuzgang von Sant Pere de Rodes, Arasca/Spanien (errichtet 8. Jh.)

Der Siegeszug der Benediktsregel
(6. bis 9. Jh.)

Mit der Regel des heiligen Benedikt tritt das christliche Mönchtum in eine neue Phase. Denn nun bedeutet Askese nicht mehr das Absolvieren frei gewählter Abtötungen und harte Bußübungen, sondern die möglichst genaue Beobachtung der Ordensregel.

Den entscheidenden Durchbruch erlebte das benediktinische Mönchtum aber erst im achten und neunten Jahrhundert. Die Voraussetzung dafür schuf indirekt Papst Gregor der Große, selbst ehemaliger Abt eines römischen Benediktinerklosters. Er sandte im Jahre 597 Mönche zur Mission auf die Britischen Inseln. Durch deren erfolgreiche Arbeit entstand am westlichen Rand von Europa eine römisch-benediktinische Zelle des Christentums, an der die Wirren der Völkerwanderungszeit vorübergingen.

Karl der Große suchte 200 Jahre später geeignete Persönlichkeiten zur Errichtung einer christlichen Gesellschaft in seinem Reich. Er fand sie in diesen britischen Klöstern. Alkuin von York und seinen Gefährten gelang es, im karolingischen Reich Stätten der Bildung und des Glaubens zu gründen, und brachten dazu das benediktinische Mönchtum mit. So war es naheliegend, dass auch die karolingische Reform des Mönchtums auf die Regel des heiligen Benedikt zurückgriff. Auf der **Synode von Aachen 816** wurde sie für alle Klöster des karolingischen Reichs als alleinige Mönchsregel vorgeschrieben.

Reformen, Cluny und die Zisterzienser
(10. bis 12. Jh.)

Die kulturelle und wirtschaftliche Kompetenz der Mönche des heiligen Benedikt brachte sie in Gefahr, ganz in der Erfüllung weltlicher Aufgaben aufzugehen. Daher gab es immer wieder Versuche, zum ursprünglichen Ideal der mönchischen Weltabkehr zurückzukehren.

Im Jahre 910 wurde das Kloster **Cluny** in Frankreich gegründet und »den Aposteln Petrus und Paulus zuhanden« überantwortet. Dadurch wollte man sich gegenüber jedem Zugriff eines vermeintlichen weltlichen Beschützers verwehren. Die Idee einer Kirche, die von jedem weltlichen Einfluss befreit wäre, erfasste ganz Europa. Die Mönche von Cluny gründeten neue Klöster oder siedelten ihre Ordensbrüder in den alten Klöstern an. Diese zogen dann schrittweise die Klostergemeinschaften auf ihre Seite. Schließlich wurde auch die Priesterschaft außerhalb der Klöster vom Geist der

Ansicht des Klosters von Cluny auf dem Höhepunkt seiner Machtentfaltung

Reform ergriffen: So war wohl auch der spätere Investiturstreit (der Konflikt zwischen geistlicher und weltlicher Macht um die Amtseinsetzung von Geistlichen) eine Konsequenz der Reform von Cluny.

Freilich brachte die wachsende Popularität dem Kloster in Cluny auch rasch großen Einfluss und Reichtum, weshalb es bald selbst ins Kreuzfeuer der Kritik geriet.

So konstituierte sich bereits 1098 in Citeaux der nächste benediktinische Reformversuch. Diesmal führte er zur Gründung einer neuen Gemeinschaft, den **Zisterziensern**. Die »weißen« Benediktiner (nach ihrem weißen, das heißt unbehandelten Leinenhabit) siedelten sich bewusst in der unwirtlichen Einöde an und mussten daher ihren Lebensunterhalt der Natur mühsam abringen. Das Kloster durfte keine Dienerschaft beschäftigen, sondern die Mönche mussten auch die niedrigen

Arbeiten selbst verrichten. Dazu wurden Laienbrüder, die sogenannten Conversen, aufgenommen. Auch die Klosterkirchen wurden nach strengen architektonischen Vorgaben und ohne jede Farbverzierung errichtet. Ein wesentlicher Unterschied zu den alten benediktinischen Klöstern bestand auch in der engen Bindung der Zisterzienserklöster an ihr Mutterkloster, von dem her sie gegründet worden waren. Es hatte ihnen gegenüber fortan einen obrigkeitlichen Status inne. Demgegenüber sind die klassischen Benediktinerabteien untereinander völlig unabhängig.

Durch den charismatischen Prediger **Bernhard von Clairvaux** verbreitete sich der zisterziensische Geist rasch in ganz Europa. In der Baukunst haben die Zisterzienser sowohl den Stil der Romanik als auch den der frühen Gotik entscheidend mitgeprägt.

Heiliger Bernhard von Clairvaux (1090–1153), der Wegbereiter des zisterziensischen Geistes in Europa

Auch in späteren Jahrhunderten schlug das Pendel der benediktinischen Lebensform in Richtung Überbeanspruchung durch weltliche Aufgaben aus. Das rief ebenso verlässlich Reformer auf den Plan. Aus dem Spätmittelalter ist etwa die **Melker Reform** in Erinnerung, während der das Stift Melk an der Donau das geistige Vorbild für eine Reformbewegung war. Es gab aber auch immer radikale Aufbrüche in Richtung des Eremitentums. So leben zum Beispiel die **Camaldulenser** in konsequenter Weltabkehr in ihren Klöstern nach der Regel des heiligen Benedikt.

Die Chorherrengemeinschaften des heiligen Augustinus

Ungefähr parallel zur Entwicklung der benediktinischen Ordensfamilie hat sich noch ein zweiter Weg klösterlichen Lebens in Europa etabliert, die sogenannten Chorherren[63] oder Regularkanoniker.

Vorbild dieser Gemeinschaften ist der heilige Bischof Augustinus von Hippo (4. Jh.), der sich – wie bereits angedeutet – mit Priestern seiner Diözese zu einem Leben des gemeinsamen Gebets auf sein Landgut zurückgezogen hat. Immer wieder kam es auch an anderen Bischofskirchen zur Gründung von solchen Priestergemeinschaften, deren Mitte das gemeinsame Gebet im Chor (von daher kommt ihr Name: Chorherren) bildet. Augustinus hatte zwar die Erfahrungen seines Priesterkreises in einer Art Regel niedergeschrieben. Diese ist aber weit weniger detailliert und systematisch als jene des heiligen Benedikt. Augustinus hatte nicht die Gründung eines Ordens vor Augen.

Erst im Zuge der karolingischen Reform um 800 wurde die Regel des heiligen Augustinus für alle Regularkanoniker für verpflichtend erklärt – auf derselben Synode von Aachen 816, die auch das Mönchtum nach der Regel des heiligen Benedikt vereinheitlichte.

So verlief auch weiterhin der Weg von Mönchsorden und Regularkanonikern in mancher Hinsicht parallel. Was auf der einen Seite Bernhard von Clairvaux und die Reform der Zis-

Ein Knabe belehrt den heiligen Augustinus über die Unergründbarkeit Gottes (um 1700)

terzienser wollte, beabsichtigte ungefähr zeitgleich für die Chorherren der heilige **Norbert von Xanten** mit der Reformbewegung der Prämonstratenser-Chorherren. Der wesentliche Unterschied zwischen Mönchen und Chorherren ist auf den ersten Blick nicht leicht zu erkennen: Mönche sind prinzipiell auf Weltabkehr ausgerichtet, und es muss nicht jeder Mönch zum Priester geweiht sein. Chorherren sind in erster Linie Seelsorger, der Welt mit ihren Nöten zugewandt, und müssen daher auch – von wenigen Ausnahmen abgesehen – Priester sein.

Bettler oder Ritter –
Klöster im Hochmittelalter

Die Ritterorden

Der Vollständigkeit halber seien die Ritterorden erwähnt, die im Gefolge der Kreuzzüge entstanden. Sie wurden zunächst gegründet, um den Kreuzfahrern im Heiligen Land die nötige humanitäre Hilfe angedeihen zu lassen. Mit der Zeit verlagerten sie ihre Niederlassungen entlang der Kreuzfahrerrouten auch weiter nach Westen, etwa nach Malta oder Zypern. Ihre Organisationsform konnte zeitweise auch einen militärischen Charakter annehmen. Zum Teil haben sie bis heute überlebt, ihre Zielsetzungen und Aufgaben haben sich freilich den Erfordernissen der Zeit angepasst.

Die Bettelorden –
Franziskus von Assisi und Dominikus

Das 12. Jahrhundert ist gekennzeichnet durch ein signifikantes Bevölkerungswachstum, durch den Aufschwung der Städte und durch die Etablierung der Geldwirtschaft. In der Folge vertieft sich aber der Gegensatz zwischen Arm und Reich. Dies lässt manche Menschen zu der Einsicht gelangen, christliches Leben müsse sich an der Armut Jesu Christi orientieren.[64] Die radikaleren unter ihnen trennen sich von der »reichen« Kirche und gründen Gegenkirchen vor allem in Oberitalien und Südfrankreich. Diese sogenannten Katharer (oder Albigenser) geraten rasch in den Bannkreis militanter Endzeitlehren und werden von Kirche und Staat gewaltsam bekämpft.
Die neuen Bettelorden der Minderbrüder (Franziskaner) und der Prediger (Dominikaner) dagegen entwickeln in ihrer Lebensform der radikalen Armut ein Alternativmodell *innerhalb* der Kirche, in dem sich die Kritiker des weltlichen Wohlstands sammeln, sodass der Konflikt sich entschärft.

Franz von Assisi (1182–1226), ein reicher Kaufmannssohn, bekehrt sich nach einer langen, kriegsbedingten Krankheit. Er verschenkt seinen Besitz und lebt in radikaler Armut und Naturverbundenheit. Bald schließen sich ihm Gefährten an. Durch die Anziehungskraft seiner Predigt, für die er vom Papst selbst die Erlaubnis erhält, wächst seine Gemeinschaft schnell. So ist er gezwungen, die Radikalität der Anfangszeit aufzugeben. Er verfasst zwar noch eine Regel für seinen Orden, zieht sich dann aber aus dessen Leitung zurück. Schwer krank stirbt er im Kreis weniger Vertrauter.

Dominikus (1170–1221) war Kleriker und stammte aus Spanien. Als er mit seinem Bischof eine Reise durch die Gebiete der Katharer unternimmt, erkennt er den Handlungsbedarf für die Kirche. In Toulouse gründet er mit Gefährten eine Missionsstation, aus der sich sein Predigerorden entwickelt. Dieser Bettelorden steht von Anfang an im Dienste der Ketzerbekämpfung durch Predigt und Seelsorge. Anders als Franziskus verfügt Dominikus über ein ausgeprägtes Organisations- und Führungstalent. So kann seine Gemeinschaft bis heute von inneren Reformkrisen relativ unbelastet ihren Aufgaben nachgehen.

Heiliger Franz von Assisi (1182–1226), Begründer des Franziskanerordens

Der Streit um die rechte Armut – der Orden des heiligen Franziskus wird zur Ordensfamilie

Der Streit um die richtige Interpretation des »Geistes der Armut« hat nicht nur Franziskus zum Rückzug aus der Ordensleitung bewogen. Dieser Streit war auch mit dafür verantwortlich, dass die franziskanische Bewegung mehrfach Zerreißproben ausgesetzt war. Schon die Gefährtin des heiligen Franziskus, die heilige Klara, war mit der Gründung ihres Ordens, den Armen Klarissen, heftigem Druck ausgesetzt, das Armutsideal aufzuweichen. Sie hielt diesem Druck aber stand.

Im 15. Jahrhundert zerbricht die franziskanische Einheit. Die Gemeinschaft spaltet sich in **Observanten** (von latei-

Heiliger Dominikus (1170–1221), Begründer des Dominikanerordens

Heilige Klara von Assisi
(1193–1253), Begründerin
des Ordens der Armen
Klarissen

nisch »observare« = die, die strenge Form der Regel beobachten), und in **Konventualen** (die, die beim herkömmlichen
Konvent verbleiben). Die Observanten werden heute – auch
nach der Farbe ihres Habits – (braune) Franziskaner, die
Konventualen (schwarze) Minoriten genannt. Im 16. Jahrhundert spalten sich, im Zuge der katholischen Reform, noch
einmal die **Kapuziner** von den Observanten ab. Denn in deren Augen entsprach auch ihre Lebensweise nicht radikal
genug dem Armutsideal des heiligen Franziskus.
Darüber hinaus gibt es auch noch Laien, die ohne klöster-
liches Gemeinschaftsleben die Regel des heiligen Franziskus
beachten, sie gehören dem sogenannten **Dritten Orden**[65]
des heiligen Franziskus an.

Orden der Neuzeit bis zur Gegenwart

Mit den Kapuzinern wurde bereits einer jener Orden genannt, die ab dem Spätmittelalter entstanden sind. Ihre Gründer nahmen den Ruf nach Reform der Kirche »an Haupt und Gliedern« ernst und setzten ihn in die Tat um. Zum Teil konnten diese Gemeinschaften in Spanien oder Italien Konflikte wie die Reformation in Deutschland verhindern. Die prominentesten Beispiele dieser Reformorden sind (neben den Kapuzinern) die von Ignatius von Loyola und seinen Gefährten gegründete »Gesellschaft Jesu« (auch Jesuitenorden genannt), die unbeschuhten Karmelitinnen der Teresa von Avila und die Ursulinen der Angela Merici. Vor allem die Männerorden unter ihnen wurden nach der Reformation zu Trägern der Rekatholisierung und erlangten zum Teil großes politisches Gewicht.

Heiliger Ignatius von Loyola (1491–1556), Begründer der Gesellschaft Jesu (Jesuiten)

Es ist völlig unmöglich, auf die Fülle der Klostergemeinschaften einzugehen, die auch in der weiteren Kirchengeschichte entstanden sind. Sie haben jeweils auf ihre Weise nach Antworten auf die geistlichen und materiellen Nöte ihrer Zeit gesucht. So wurden zum Beispiel angesichts der massenhaften Verelendung im Europa des 19. Jahrhunderts viele caritative Ordenskongregationen gegründet.

Heilige Teresa von Avila (1515–1582), Begründerin des Ordens der unbeschuhten Karmelitinnen

Für das 20. Jahrhundert ist festzustellen, dass man bezüglich der Form des Zusammenlebens nach neuen Wegen sucht. So gibt es in Taizé eine konfessionsübergreifende (!) ökumenische Gemeinschaft, deren Gründer, Frère Roger Schütz, selbst protestantisch-reformierten Bekenntnisses war, in der aber auch viele katholische Brüder leben. Auch die modernen Erneuerungsbewegungen (Movimenti) zeigen zum Teil ordensähnliche Tendenzen.

Frère Roger Schütz (1915–2005), Gründer der ökumenischen Gemeinschaft von Taizé

Kreuzgang im Kloster
von Sant Pere de Rodes
in Arasca/Spanien
(errichtet 8. Jh.)

Kleines Ordens-Alphabet

Abtei – Stift – Kloster

Niederlassungen der Benediktiner und Zisterzienser, die von einem Abt geleitet werden, heißen seit der reichskirchlichen Organisation im Mittelalter Abteien. Häufig nennt man sie – wie auch Chorherrenklöster – später auch Stifte. So kommt zum Ausdruck, dass sie durch die finanzielle Dotierung eines Stifters (oft eines Herrschers) errichtet worden sind. Kloster ist der Überbegriff für ein Ordenshaus. Er weist auf die Klausur hin, jenen Bereich des Hauses, der nur Ordensmitgliedern zugänglich ist.

Evangelische Räte

Damit sind jene drei Grundpfeiler christlicher Existenz gemeint, die Christus nach dem Evangelium denen empfohlen hat, die sich ihm in besonderer Nachfolge anschließen wollen: **Armut**, also Verzicht auf eigenen Besitz, **Keuschheit** mit Ehelosigkeit und **Gehorsam**. Der Gehorsam wird gelobt dem Willen Gottes gegenüber, der für das Ordensmitglied in der Person des Ordensoberen zu ihm spricht. Auf diese evangelischen Räte verpflichten sich Ordensleute beim Eintritt ins Kloster.

Gelübde

Wer ins Kloster eintritt, legt dabei meist die Gelübde von Armut, Keuschheit und Gehorsam ab. Fast alle Gemeinschaften kennen eine, wenn auch unterschiedlich lange, zeitlich befristete Form: die sogenannten **zeitlichen Gelübde**. Nach Ablauf der Frist hat sowohl der Orden als auch der oder die Einzelne die Möglichkeit, die Mitgliedschaft zu beenden. Andernfalls werden danach die **ewigen Gelübde** abgelegt. Sie binden auf Lebenszeit – von ihnen kann nur durch einen formalen kirchenrechtlichen Akt entbunden werden.

Klausur

Das Wort stammt von lateinisch »claudere« = schließen. Denn wer ins Kloster eintritt, wendet sich in gewisser Weise von der Welt ab. Je nach dem Ziel der einzelnen Gemeinschaft geschieht dies bis zu dem Grad, dass der Betreffende gar nicht mehr mit der Außenwelt in Berührung kommt. In diesem Fall ist das ganze Kloster klausuriert, also abgesperrt nach außen. Oder aber es gibt – etwa bei Ordensspitälern – im Kloster lediglich einen abgesonderten Bereich, zu dem nur Ordensmitglieder Zutritt haben. Dort ist Raum für das gemeinsame Leben, für das Gebet und die Kommunikation miteinander. Zeiten, in denen die Klausur zu nachlässig gehandhabt wurde, haben das Ordensleben meistens innerlich ausgehöhlt oder zerstört.

»Bei deinem Namen habe ich
dich gerufen, mein bist du«
(Jes 43,1)

Kongregation, Säkularinstitut

Dies sind Bezeichnungen für Gemeinschaften, die gemäß
dem Kirchenrecht einen besonderen Rechtsstatus genießen.
Meistens liegen die Unterschiede zu anderen Ordensgemeinschaften im Verpflichtungscharakter der Gelübde und
im Stellenwert des Gemeinschaftslebens.

Kontemplative Orden

Orden, die sich ausschließlich dem Gebet widmen, nennt
man kontemplativ (lateinisch »contemplari« = betrachten,
beschauen). Sie sind fast immer streng klausuriert, und
ihre Mitglieder beachten zusätzlich ein strenges Schweige-
gebot.

Mönch und Nonne

Im strengen Sinn bezeichnen die beiden Begriffe nur Angehörige der benediktinischen Gemeinschaften. Andernfalls spricht man korrekter von Ordensleuten (Ordensmann oder Ordensfrau).

Obere – Abt, Propst, Superior, Guardian

In allen Ordensgemeinschaften spielt der Obere eine wichtige Rolle. Im Rahmen des Gehorsamsgelübdes soll er dem einzelnen Ordensmitglied gegenüber das Sprachrohr von Gottes Willen sein. Bei den Benediktinern und Zisterziensern heißt er Abt (nach hebräisch/aramäisch »abba« bzw. spätlateinisch »abbas« = Vater). Bei den Chorherren und anderen Gruppierungen wird er als Propst angesprochen (von spätlateinisch »propositus« = Vorgesetzter) oder als Superior (lateinisch Oberer). Die Franziskaner nennen ihren Oberen Guardian (kirchenlateinisch »guardianus« = Wächter, Hüter, Vorsteher). Viele »höchste« Ordensobere werden von den Mitgliedern selbst gewählt: Äbte auf Lebenszeit, Pröpste (bei den Chorherren) auf Zeit. Sogenannte »niedere« Obere werden von der übergeordneten Ordens- oder Kirchenleitung auf Zeit ernannt bzw. bestellt, so zum Beispiel Guardiane.

Pater – Herr – Frater – Bruder

All dies sind Bezeichnungen für die Angehörigen eines Ordens. Herr ist die Anrede für Chorherren. Mit Pater werden die Priester in den anderen Ordensgemeinschaften angesprochen, mit Frater teilweise die Diakone und Ordensstudenten, die Priester werden wollen, mit Bruder die Laienbrüder. Bei den Orden des heiligen Franziskus ist es zunehmend üblich, sich ordensintern nicht mehr voneinander zu unterscheiden und alle Mitglieder mit Bruder anzusprechen.

Heilige
Frauen
und
Männer

Die Heiligen – das sind Frauen und Männer, denen es auf besondere Weise gelungen ist, aus ihrer Beziehung zu Gott heraus zu leben und den Mitmenschen zu dienen. So wurden sie wahre Nachfolgerinnen und Nachfolger Jesu Christi. Die Kirche kann solche Menschen offiziell heiligsprechen. Damit stellt sie diese Menschen den Gläubigen als Vorbild dar und gestattet ihre öffentliche Verehrung und ihre Anrufung als Fürsprecher bei Gott. Keineswegs sind aber die kirchlich anerkannten Heiligen die Einzigen, von denen man sagen kann, dass sie das Ziel ihres Lebens als Christen erreicht haben. Die Zahl der unbekannten Heiligen ist mit Sicherheit größer. So kann auch die folgende Aufstellung nur eine geringe Auswahl von ihnen und ihrer Attribute enthalten.

Heilige und Selige

In der bildlichen Darstellung werden den Heiligen **Attribute** beigegeben. Das sind Gegenstände, die für sie typisch sind und an denen man sie auch identifizieren kann. Im Laufe der Geschichte wurden den Heiligen auch bestimmte Lebensbereiche zugewiesen, für die sie im Besonderen um Fürsprache angerufen werden konnten. In diesem Zusammenhang spricht man von Patronen oder **Schutzpatronen**. Es gibt Schutzpatrone gegen Krankheiten, Schutzpatrone von Vereinigungen, von Ländern und so fort.

Neben der Heiligsprechung gibt es auch die kirchliche **Seligsprechung**. Sie geht normalerweise einer Heiligsprechung voraus und bestätigt die Bedeutung des oder der Seligen für eine bestimmte Region. Eine spätere **Heiligsprechung** hat dann die weltweite Verehrung zur Folge. Dabei gibt es auch Selige, die niemals zu einer formalen Heiligsprechung gelangt sind, etwa der selige Bischof und Geschichtsschreiber Otto von Freising, der im 12. Jahrhundert gewirkt hat. Dazu muss man bedenken, dass es zu jeder Heilig- oder Seligsprechung Menschen brauchte, die nach dem Tod des Betreffenden erst den Selig- oder Heiligsprechungsprozess in Rom angestrengt haben. Schließlich gibt es auch eine Reihe von Heiligen, für die es keinen solchen Prozess gegeben hat (weil

Die Heiligen preisen im Himmel die Herrlichkeit Gottes (1511)

sich dieses Verfahren erst im Laufe der Kirchengeschichte an gegeben hat). Diese Heiligen wurden zuerst vom gläubigen Volk verehrt, und die Kirche erkannte dann diese Verehrung als legitim an.

Die großen **Gestalten des Alten Testaments** (zum Beispiel die Patriarchen, die Ahnfrauen und -mütter, die Propheten) gelten in der Kirche auch als Heilige.

Der heilige Josef mit dem Jesusknaben und der Lilie, dem Symbol der Reinheit (um 1900)

Die Apostel Petrus und Paulus (1. Jh.) – Schlüssel/Schwert

Jene zwölf Männer, die Jesus selbst in seine Nachfolge und zu seinen Zeugen berufen hat, sind neben Maria die wichtigsten Heiligen. Unter ihnen ragen noch einmal Petrus und Paulus heraus, die sogenannten Apostelfürsten (siehe die zugehörigen Abschnitte aus dem Kapitel zur Bibel). Sie wurden unter Kaiser Nero in Rom hingerichtet.

Josef (1. Jh.) – Lilie, Jesusknabe

Nach dem Neuen Testament (Mt 1–2, Lk 1–2) war er der Verlobte Marias. Er stand zu ihr, obwohl Jesus nicht sein leiblicher Sohn war. Abgesehen von der biblischen Kindheitsgeschichte Jesu ist sein Bild nur von Legenden bestimmt. Dennoch ist er – nicht zuletzt aufgrund seiner Darstellung als Nährvater bzw. Arbeiter – einer der populärsten Heiligen geworden.

Maria Magdalena begegnet dem Auferstandenen, hält ihn aber für den Gärtner (um 1430)

Maria Magdalena (1. Jh.) – Gefäß mit Salböl

Nach biblischem Zeugnis wurde sie von Jesus von sieben Dämonen befreit (Lk 8). Daraufhin ist sie ihm nachgefolgt. Sie gilt als die erste Zeugin der Auferstehung Jesu (Joh 20) und wird deshalb »Apostolin der Apostel« genannt.

Stephanus (1. Jh.) – Steine

Er war Diakon in der Jerusalemer Urgemeinde. Aufgrund eines Konflikts mit einigen Synagogenmitgliedern wurde er gesteinigt, betete aber noch im Tod für seine Feinde (Apg 6–7). Stephanus gilt als erster Märtyrer der Christenheit.

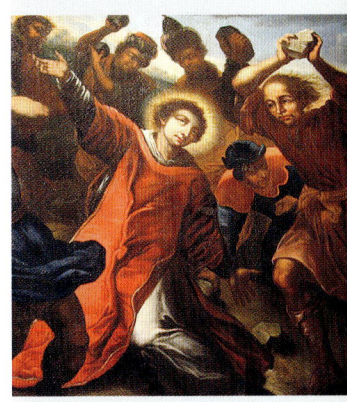

Steinigung des heiligen Stephanus: »Ich sehe den Himmel offen!« (1711)

Ikone des heiligen Bischofs Nikolaus; Darstellung der Ostkirche

Barbara (4. Jh.) – Turm oder Kelch

Die Tochter eines reichen Kaufmanns ist eine legendäre Gestalt aus der Zeit der Christenverfolgung. Sie ließ sich gegen den Willen ihres Vaters taufen und wurde deshalb von ihm erst in einen Turm gesperrt, dann eigenhändig getötet.

Nikolaus von Myra (4. Jh.) – drei goldene Kugeln

Der historische Nikolaus war Bischof in Myra, als solcher vermutlich Teilnehmer am Konzil von Nicäa (325 n.Chr.). Um seine Wohltätigkeit ranken sich zahlreiche Legenden. Er ist auch einer der wichtigsten Heiligen der Ostkirche.

Christophorus – Stab, Christuskind auf der Schulter

Der Legende nach war Christophorus ein Fährmann, der das Christuskind auf seinen Schultern durch einen reißenden Fluss getragen haben soll. Früher wurde er als Patron gegen den unerwarteten Tod betrachtet. Er ist auf der Außenwand vieler Kirchen abgebildet, weil man der Überzeugung war: Wer sein Bild nur kurz angeschaut hat, wird an diesem Tag nicht plötzlich sterben.

Der heilige Christophorus, den Jesusknaben mit der Weltkugel auf der Schulter tragend (barock)

Martin von Tours (4. Jh.) – Gans

Er wurde in Ungarn geboren und war ein römischer Soldat. Der Legende nach begegnete er eines Tages einem Bettler, mit dem er seinen Mantel teilte. Diese Begegnung wurde für ihn zum Bekehrungserlebnis. Nach seiner Taufe gründete er in Südfrankreich das erste gallische Kloster und wurde Bischof in Tours.

Die vier lateinischen Kirchenväter

Augustinus von Hippo, Ambrosius von Mailand, Hieronymus (4. Jh.) und Gregor der Große (6./7.Jh.) waren große Theologen der christlichen Frühzeit in der sogenannten Westkirche. Augustinus findet nach einem bewegten Leben durch den Einfluss seiner Mutter Monika zum Christentum. Er wird später zum bedeutendsten lateinischen Kirchenschriftsteller und Philosophen. Ambrosius war Bischof von Mailand, er

Der heilige Martin teilt seinen Mantel mit dem Bettler (1568)

Die heilige Barbara mit ihrem Attribut, dem Turm (um 1360) ▶

Die vier lateinischen
Kirchenväter, hier an der
Brüstung einer barocken
Kanzel (1747)

hat Augustinus getauft. Von ihm sind vor allem wichtige Predigten und liturgische Hymnen erhalten. Auf Hieronymus geht die lateinische Bibelübersetzung »Vulgata« zurück. Gregor der Große gilt – anachronistisch – als Vater des gregorianischen Chorals. Vor der Wahl zum Papst war er Benediktinermönch in Rom. Seine »Dialoge« enthalten unter anderem die älteste Lebensbeschreibung des heiligen Benedikt.

Benedikt von Nursia (6. Jh.) – Kelch mit Schlange, Rabe, Abtstab

Er studierte Rechtswissenschaften in Rom, wandte sich aber dann von der Welt ab und wurde Einsiedler in Süditalien. Als sich Gefährten zu ihm gesellten, schrieb er eine Regel für das gemeinsame Leben. Deren Leitsatz »Ora et labora!« (la-

Der heilige Benedikt von Nursia

Der heilige Bonifatius gründet die vier altbayerischen Bistümer

Der heilige Leopold mit dem Modell von Klosterneuburg

Die heilige Hildegard von Bingen; Darstellung auf einer Briefmarke

teinisch für »bete und arbeite!«) wurde zum Grundsatz des benediktinischen Mönchtums. Johannes Paul II. erklärte ihn zum Patron Europas.

Bonifatius (um 672–754) – Axt/Eiche, Schwert

Sein eigentlicher Name lautete Winfried. Er lebte als Mönch im Südwesten Englands. Von Papst Gregor III. wurde mit der Mission im fränkischen Reich beauftragt und zum Missionsbischof geweiht. Er gründete mehrere Klöster und Bistümer. Im Zuge der Friesenmission starb er den Märtyrertod.

Die vierzehn Nothelfer

Dies sind teilweise legendäre Gestalten der ersten christlichen Jahrhunderte. Sie genießen in der Volksfrömmigkeit eine besondere Verehrung. Jeder und jedem von ihnen wurde die Fürsprache in einem bedeutenden Anliegen zugeschrieben. Welche Heiligen zu diesem Kreis gezählt werden, kann regional geringfügig voneinander abweichen.

Markgraf Leopold III. von Österreich (11./12. Jh.) – Modell seiner Klosterstiftung

Leopold war ein Herrscher aus dem Haus der Babenberger. Aufgrund seines politischen Geschicks gelang es ihm, während seiner gesamten Regierungszeit jeden Krieg zu vermeiden. Er gründete die österreichischen Stifte Klosterneuburg, Heiligenkreuz und Klein-Mariazell.

Hildegard von Bingen (11./12. Jh.)

Schon als Kind wurde Hildegard einer klösterlichen Erziehung übergeben. Als überdurchschnittlich gebildete Frau stand sie lange Jahre hindurch als Äbtissin dem Kloster am Rupertsberg bei Bingen vor. Die begnadete Mystikerin und Ratgeberin von Fürsten, Kaiser und Papst hinterließ neben

Die vierzehn Nothelfer (um 1520):
Am bekanntesten sind Ritter Georg, der Drachentöter (links), dahinter Christophorus mit dem Jesusknaben, Nikolaus (Mitte, mit drei goldenen Kugeln) sowie die drei heiligen Jungfrauen – Katharina (rechts, zerbrochenes Rad), dahinter Margarete (Drache) und Barbara (Turm) ▶

Der heilige Johannes Nepomuk, hier typisch als Brückenfigur

spirituellen Schriften auch Werke der Naturheilkunde, die bis in die Gegenwart Beachtung finden.

Johannes Nepomuk (14. Jh.) – Kruzifix, Zunge

Er gilt als »Hausheiliger« der Habsburger und war ein hoher Geistlicher in Prag. Der Legende nach weigerte er sich, dem böhmischen König über die Beichte von dessen Ehefrau Auskunft zu geben. Deshalb wurde er misshandelt und von einer Brücke in die Moldau gestoßen. Er ist daher auf zahlreichen Brücken dargestellt und gilt als Schutzpatron des Beichtgeheimnisses.

Niklaus von Flüe (15. Jh.) – Stock, Rosenkranz

Der Schweizer Bauer, Ratsherr und Richter verließ mit deren Einverständnis seine Frau und seine zehn Kinder, um Einsiedler zu werden. Er lebte ausschließlich von der heiligen Kommunion und war als Mystiker, Berater und Seelsorger bekannt. Es gelang ihm unter anderem, in Stans einen Bürgerkrieg zu verhindern. Er ist Schutzpatron der Schweiz.

Der heilige Niklaus von Flüe

Schwester Restituta (20. Jh.)

Geboren als Helene Kafka in Brünn trat sie bei den »Franziskanerinnen von der christlichen Liebe« (Hartmannschwestern) in Wien ein. Sie wirkte vor allem in Mödling als anerkannte Operations- und Narkoseschwester. Aus ihrer Abneigung gegen die NS-Herrschaft machte sie kein Hehl und wurde wegen Verbreitung eines regimekritischen Soldatenliedes von einem SS-Arzt denunziert. Sie wurde verhaftet und 1943 enthauptet.[66]

Mutter Teresa von Kalkutta (20. Jh.)

Die Ordensfrau aus Albanien beschloss nach der Begegnung mit Sterbenden in den Straßen von Kalkutta, das Leben mit den Ärmsten der Armen zu teilen. Sie errichtete eigene Häuser für die Sterbenden und gründete den Orden der Missionarinnen der Nächstenliebe. 1979 erhielt

Die selige Schwester Restituta, stellvertretend für Märtyrer des 20. Jahrhunderts

Die selige Mutter Teresa
von Kalkutta

sie den Friedensnobelpreis. Auf Wunsch von Johannes
Paul II. wurde ihr Seligsprechungsverfahren nach ihrem
Tod 1997 in einem stark abgekürzten Prozess rasch abge-
schlossen.

Heilige Stätten

Das Christentum ist keine abstrakte, theoretische, abgehobene Weltanschauung. In seiner Mitte stehen die Erfahrungen von Menschen, an denen Gott auf besondere Weise gehandelt hat: Jesus Christus selbst, seine Mutter, die Apostel, die Patriarchen und Propheten des Alten Testaments und andere mehr. Die heiligen Stätten des Christentums sind daher jene Orte, an denen diese Menschen gelebt haben und Gott begegnet sind. Wenn Menschen heute zu diesen Stätten pilgern, geschieht dies nicht vordergründig aus Sensationslust oder um Beweise für den Glauben zu suchen. Vielmehr sind die heiligen Stätten Einladung und Hilfe, das Handeln Gottes im eigenen Leben zu entdecken und sich im Glauben erneuern zu lassen.

Grabeskirche in Jerusalem über dem Golgota-Felsen und der Grabhöhle Christi

Geburtsgrotte in der Geburtskirche in Betlehem

◀ *An heiligen Stätten suchen die Menschen die Begegnung mit Gott*

Die Grabeskirche in Jerusalem

Israel – das Land der Bibel – ist für Christen und Juden das heilige Land schlechthin. Zunächst ist vor allem der Felsen von Golgota der heiligste Ort der Christen. Er ist die Stätte, an der Jesus am Kreuz gestorben ist, wo er begraben wurde und von den Toten auferstanden ist. Da der Kreuzigungsort und das Grab Jesu sehr nahe beisammenliegen, wurden beide mit einer einzigen großen Gedächtniskirche überbaut, der Grabeskirche. Dies geschah unmittelbar, nachdem Kaiser Konstantin im vierten Jahrhundert die öffentliche Anerkennung des Christentums ausgesprochen hatte.

Die Geburtskirche in Betlehem

Über der Höhle, in der Jesus der Überlieferung nach geboren wurde, steht eine Kirche. Auch sie stammt aus der Zeit Kaiser Konstantins.[67]

Rom und die vier Patriarchalbasiliken

Neben den Orten, an denen Jesus gewirkt hat, sind den Christen vor allem jene Stätten heilig, an denen seine Nachfolger, die Apostel, das Evangelium verkündet und dafür auch ihr Leben eingesetzt haben. Rom hat unter diesen Orten seit jeher eine Vorrangstellung inne, weil es die Gräber der beiden Apostelfürsten birgt: das Grab des Petrus im Petersdom und das Grab des Paulus in St. Paul vor den Mauern. Besonders

Petersdom über dem Grab des heiligen Apostels Petrus

der Petersdom, dessen erste Bauphase ebenfalls in die Zeit von Kaiser Konstantin zurückreicht, ist eines der wichtigsten Ziele katholischer Wallfahrt. Aber auch die Kirche des heiligen Johannes im Lateran genießt als »Haupt und Mutter aller Kirchen des Erdkreises« größte Verehrung. Sie ist die eigentliche Bischofskirche des Papstes. Ihr Weihetag ist in der ganzen katholischen Welt ein besonderer Gedenktag. Die vierte der Patriarchalbasiliken Roms ist Santa Maria Maggiore, die Ur-Marienkirche.

St. Paul vor den Mauern über dem Grab des heiligen Apostels Paulus

Links: San Giovanni in Laterano, die Bischofskirche des Papstes

Rechts: Santa Maria Maggiore, die wichtigste Marienkirche der Welt

Santiago de Compostela

Seit seiner Entdeckung Anfang des neunten Jahrhunderts ist das Grab des Apostels Jakobus in Spanien Ziel einer bedeutenden Wallfahrt. Deren Wege führten von Ost nach West durch ganz Europa bis nach Finisterre (von lateinisch »finis terrae«), dem mittelalterlichen »Ende der Welt« an der galicischen Atlantikküste. Auch heute wird der Jakobsweg wieder von einer wachsenden Zahl von Pilgern begangen.

Marienheiligtümer

Immer wieder haben Menschen berichtet, dass ihnen die Gottesmutter erschienen sei. Die Kirche hat ihre Aussagen in jedem Fall sehr kritisch geprüft. Nur wenige dieser Er-

Santiago de Compostela, Kathedrale über dem Grab des heiligen Apostel Jakobus

San Francesco, Kirche und Kloster über dem Grab des heiligen Franz von Assisi

scheinungen wurden offiziell anerkannt. Die wichtigsten unter ihnen ereigneten sich 1858 in Lourdes (Frankreich) und 1917 in Fatima (Portugal). An beiden Orten erlebten Kinder die Marienerscheinungen.

Assisi – Wirkungsstätte des heiligen Franziskus

Ein beliebtes Ziel von Pilgerfahrten sind Orte, an denen heilige Männer und Frauen gewirkt haben oder wo sie begraben wurden. Denn die Heiligen sind ja gerade im Tod zur Erfüllung ihres Lebens gelangt. Als ein Beispiel unter vielen sei hier das mittelitalienische Assisi angeführt, die Stadt des heiligen Franziskus. Sie wird besonders von Jugendlichen gerne besucht.

Fatima, Marienwallfahrtsort in Portugal

Regionale heilige Stätten

In fast jeder Region, in der Christen leben, gibt es auch Wall-fahrtsorte, zu denen gepilgert wird. Sie wurden meist für die »lokalen« Heiligen errichtet: Männern und Frauen zu Eh-ren, die dort zuerst das Christentum verbreitet haben oder die sich für das christliche Leben besondere Verdienste er-worben haben. Darüber hinaus erinnern die vielen Marien-wallfahrtsorte daran, dass Pilger und Pilgerinnen aller Zeiten mit ihren Freuden und Nöten gerade in Maria eine Fürspre-cherin gesucht haben.

Altötting in Bayern, in der Mitte die Gnadenkapelle

Mariazell, das Heiligtum
der »Magna Mater« von
Österreich

Einsiedeln, Benediktinerklos-
ter und Wallfahrtsort in
der Schweiz

Die
Konfessionen

Unter dem Begriff Konfession versteht man in religiösem Zusammenhang zunächst das christliche Glaubensbekenntnis (lateinisch »confessio« = Bekenntnis) und damit verbunden die einzelnen christlichen Glaubensgemeinschaften, die im Laufe der zweitausendjährigen Kirchengeschichte aus der einen Kirche Jesu Christi hervorgegangen sind bzw. sich von ihr abgespalten oder getrennt haben.

Jahrhunderte getrennter Entwicklung haben dabei eine Vielfalt hervorgebracht, die bei allen notwendigen Bemühungen um die Einheit des christlichen Glaubens respektiert und bewahrt werden sollen.

Altorientalische Kirchen

Die altorientalischen Kirchen (z.B. Kopten) gehen ihren Sonderweg bereits seit dem Konzil von Chalcedon 451. Mitunter werden sie auch mit den orthodoxen Kirchen verwechselt. Sie betonen die göttliche Natur Jesu Christi gegenüber seinem Menschsein (das wurde als Monophysitismus – griechisch für Ein-Naturen-Lehre – verstanden bzw. missverstanden).

Orthodoxe Kirchen

Der spirituelle Reichtum der orthodoxen Kirchen[68] (auch: Ostkirchen) wird seit einigen Jahrzehnten auch im Westen wieder entdeckt. Die mystischen Gesänge in der orthodoxen Liturgie und die Bildersprache der Ikonen erweisen sich dabei als eine besondere Quelle geistlichen Lebens.

In Lehre und Lebensform stehen sich katholische und orthodoxe Kirchen relativ nahe. Fast alles, was es in der einen Kirche gibt, existiert auch in den anderen (wie Eucharistiefeier, Sakramente, Marienverehrung, Priestertum) – wenngleich mit teilweise unterschiedlicher theologischer Begründung und Praxis.

Ein wesentlicher Unterschied besteht in der Struktur der Orthodoxie. Denn die universale römisch-katholische Kirche steht unter der zentralen Leitung des Papstes in Gemeinschaft mit dem Bischofskollegium. Demgegenüber ist

◄ *Die verschiedenen Konfessionen wachsen wie Zweige aus dem Lebensbaum der einen Kirche Jesu Christi*

Blick in eine orthodoxe Kirche mit der typischen Ikonostase (Bilderwand), hinter der der Priester die Wandlung feiert

die Orthodoxie in Landeskirchen[69] gegliedert, also etwa die griechisch-orthodoxe, die russisch-orthodoxe Kirche usw.). Diese unterstehen dem jeweiligen Landesmetropoliten, dem Bischof. Die Landeskirchen sind voneinander unabhängig. Die Patriarchen, das sind die Landesbischöfe der ältesten

Maria mit dem Jesus-
knaben, Darstellung
der Ostkirche (20. Jh.,
nach altem Vorbild)

Kirchen (wie heute in Jerusalem, Konstantinopel, Moskau), genießen zwar einen Ehrenvorrang. Sie sind aber nicht Vorgesetzte im juristischen Sinn. Aus orthodoxer Sicht kann der Papst in diesem Sinn nur als Patriarch der römischen Kirche gelten – als Gleicher unter Gleichen, wenn ihm auch ein Ehrenvortritt eingeräumt wird, weil Rom älter ist.

Der Bruch zwischen römischer und orthodoxer Kirche wird gemeinhin auf das Jahr 1054 datiert. Damals sprachen ein Vertreter des Papstes und der Patriarch von Konstantinopel gegeneinander den Bann aus. Tatsächlich lagen davor aber bereits mehrere Jahrhunderte des Auseinanderstrebens der oströmischen Kirche von Konstantinopel und der weströmischen Kirche von Rom. Dahinter standen sich auf politischer Ebene der byzantinische und der römisch-deutsche Kaiser gegenüber. Ebenso waren die Kulturen unterschiedliche Wege gegangen. Das zeigte sich unter anderem an den verschiedenen Kirchensprachen (Griechisch und Latein).

Die Bannsprüche hatten zunächst noch nicht den vollständigen Abbruch der Beziehungen zur Folge. Für einen schweren Schock sorgten die Kreuzfahrer, die 1204 unter dem Druck Venedigs Konstantinopel plünderten. Im 15. Jahrhundert gab es wieder einen Unionsversuch. Selbst nach dem Überfall der Türken auf Konstantinopel 1453 brachen die Kontakte nicht völlig ab; erst im Laufe des 17. Jahrhunderts war die Trennung – wiederum aus anderen politischen Gründen – faktisch besiegelt.

Die Verdienste Christi, geheimprotestantischer Hausaltar (Augsburg 1540/1580)

Martin Luther
(1483–1546)

Huldrych Zwingli
(1484–1531)

Johannes Calvin
(1509–1564)

Kirchen der Reformation

Ende des 15. Jahrhunderts erhob sich der Ruf nach einer Kirchenreform. In Mittel- und Westeuropa gelang es aber nicht, die Probleme innerhalb der bestehenden Strukturen zu lösen. So kam es zum Bruch und in der Folge zur Gründung einer Reihe von selbstständigen nicht-katholischen Kirchengemeinschaften. Die größte unter ihnen ist die lutherische evangelische Kirche des »Augsburger Bekenntnisses«. Davor entstanden bereits die Hussiten, in Prag, daneben und danach die Schweizer Protestanten unter Huldrych Zwingli, die Reformierte Kirche des Genfers Johannes Calvin und die Church of England, auch Anglikaner genannt.

Die Grundfrage Luthers war die Rechtfertigung des Menschen als »sündiges Ich« vor Gott. Was muss der Mensch von sich aus zur Erlösung beitragen? Seine Antwort fand er nach intensivem religiösen und geistigen Ringen mit sich, mit Gott und mit der Kirche in den biblischen Schriften des Apostels Paulus: Der Mensch muss sich nur im Glauben der Erlösung Christi öffnen, dann ist er gerettet. Als Konsequenz ergab sich für Luther die Fragwürdigkeit der meisten Sakramente, kirchlichen Einrichtungen und Andachtsformen. Insbesondere wandte er sich auch gegen das sogenannte Ablasswesen, also gegen den damals üblichen Ankauf des Seelenheils. Lediglich das intensive Studium der Heiligen Schrift kann den Menschen in der Offenheit gegenüber der Gnade Gottes erhalten. Der Bruch mit Rom war unvermeidlich. Zudem nutzten einige der deutschen Reichsfürsten ihre Chance, durch die Parteinahme für Luther ein größeres Maß an Unabhängigkeit gegenüber dem katholischen Kaiser zu erreichen. 1530 verlasen die Evangelischen am Reichstag zu Augsburg – zunächst als Kompromissangebot – die Artikel ihres »Augsburger Bekenntnisses«. Damit legten sie selbst den Grundstein für ihre weitere Zukunft. Die Spaltung der Kirche wurde damit vollzogen.

Aus heutiger Sicht ist die theologische Frage der Rechtfertigungslehre kein trennendes Problem mehr. 1999 haben die römisch-katholische und die evangelisch-lutherische Kirche ein gemeinsames Dokument dazu verabschiedet. Wie die jüngsten Auseinandersetzungen zeigen, sind damit aber wesentliche theologische Konfliktpunkte noch nicht ausgeräumt. Schwerer wiegen die Differenzen im Verständnis der Sakramente und des kirchlichen Amtes. Denn die Kirchen der Reformation unter Zwingli und Calvin haben sich vor allem im Sakramentenverständnis nicht nur von der Auffassung der katholischen Kirche, sondern auch von der Auffassung Luthers entfernt. Hier gibt es – wie in der Frage des kirchlichen Amtes – einstweilen noch wenige zukunftsfähige Verständigungspunkte. Erschwerend kommt hinzu, dass aus der evangelischen Kirche vor allem in den USA eine unübersichtliche Zahl an Splittergruppen hervorgegangen ist. Es ist somit nicht einfach, nur mit »der« evangelischen Kirche in Dialog zu treten.

Die anglikanische Kirche verdankt ihre Entstehung einem bewussten Bruch, den der englische König Heinrich VIII. 1534 mit Rom herbeigeführt hat. Denn der Papst hatte in einem Eherechtsstreit gegen den König entschieden. Die anglikanische Kirche hat sich in verschiedene Richtungen ausgeprägt: Die Low Church ist in Sitten und Lehre eher protestantisch ausgerichtet, die High Church weist zahlreiche Übereinstimmungen mit dem Katholizismus auf, vor allem in der Liturgie, im Amts- und teilweise im Sakramentenverständnis. Verbreitet ist die anglikanische Kirche vor allem im englischen Sprachraum, etwa die Hälfte ihrer Mitglieder lebt in Großbritannien. Daneben sind Kanada, die USA und Indien wichtige Zentren. Primas der anglikanischen Kirchengemeinschaft ist der Erzbischof von Canterbury.

Die Altkatholische Kirche

Auf dem Ersten Vatikanischen Konzil (1869–1870) wurde die Lehre von der Unfehlbarkeit des Papstes gegen die Bedenken von Teilen der deutschen Bischöfe zum Dogma erhoben. Um den deutschen Kirchengeschichtler Ignaz von Döllinger entsteht daraufhin die Altkatholische Kirche.

Ignaz von Döllinger
(1799–1890)

Sie steht in Struktur, Lehre und Praxis der römisch-katholischen Kirche noch sehr nahe. Eine wesentliche Ausnahme neben der unterschiedlichen Auffassung vom Papstamt bildet der Umstand, dass die Altkatholiken seit einiger Zeit Frauen zum Priesteramt zulassen.

Der Ökumenische Rat der Kirchen

Seit dem Ende des 19. Jahrhunderts gab es Gespräche zwischen Vertretern der christlichen (nicht der katholischen) Kirchen über Fragen der Glaubenslehre und zur kirchlichen Struktur. Als Frucht einer längeren Annäherung wurde in Amsterdam 1948 der Ökumenische Rat der Kirchen (ÖRK) gegründet. Mit der Zeit traten ihm annähernd 350 christliche Kirchen oder kirchliche Gemeinschaften aus über 110 Ländern bei. In regelmäßigen Konferenzen finden Beratungen zu verschiedenen Fragen statt, zum Teil sind die Ergebnisse sehr weit gediehen, etwa in der Frage einer gemeinsamen Form der Taufspendung.

Die katholische Kirche ist nicht Mitglied im ÖRK. Denn einerseits kann die katholische Kirche von ihrem theologischen Selbstverständnis her einige der Mitgliedsgruppen des ÖRK nicht als Kirchen im Vollsinn anerkennen. Andererseits wäre eine Vollmitgliedschaft der Katholiken auch mit formalen Schwierigkeiten verbunden. Derzeit üben die einzelnen Mitglieder ihr Stimmrecht nämlich gewichtet nach den Mitgliederzahlen ihrer Kirche aus. Die römische Kirche ist weltweit aber größer als alle anderen christlichen Konfessionen zusammen. So würde sie als Vollmitglied automatisch in allen Abstimmungen über die absolute Mehrheit verfügen.

Dessen ungeachtet ist die interkonfessionelle Kommunikation und das theologische Gespräch über mögliche Annäherungen mit den Katholiken – auch seit dem Zweiten Vatikanischen Konzil – weitergegangen,[70] selbst wenn es immer wieder Fragen gibt, bei denen bislang noch keine Übereinstimmung erzielt werden konnte.

Wissenswertes zum Bild auf S. 214

Mosaik aus San Clemente

Das Mosaik in der Apsis von San Clemente in Rom, einer der ältesten und bedeutendsten Kirchen der Ewigen Stadt, stammt aus dem 12./13. Jahrhundert und zeigt das Kreuz Christi als Lebensbaum, aus dessen Wurzeln viele weitere Zweige entstehen. In den einzelnen Ranken sitzen verschiedene Heilige als die »Früchte« des Kreuzes Christi. Die ökumenischen Bemühungen haben die eine Kirche Jesu Christi als Vision, wie einen Baum, aus welchem die einzelnen Konfessionen in »versöhnter Verschiedenheit« – mit der Wurzel verbunden – als Zweige herauswachsen.

Das Kreuz Christi als Lebensbaum

Christus und die Welt- religionen

Durch das engere Zusammenrücken der Kulturen sind nichtchristliche Religionen heute nicht mehr nur eine Erfahrung von Begegnungen auf Reisen in exotische Länder. Andererseits bieten sich dadurch häufiger Angriffsflächen für Konflikte.

Das Zweite Vatikanische Konzil hat das Verhältnis der katholischen Kirche zu den nichtchristlichen Religionen in einer eigenen »Erklärung über das Verhältnis der Kirche zu den nichtchristlichen Religionen« (»Nostra aetate«) behandelt. Darauf aufbauend hat Papst Johannes Paul II. unter anderem seit 1986 mehrmals Vertreter aller Religionen zum gemeinsamen Gebet für den Frieden eingeladen. Der schon von den vorherigen Päpsten begonnene Dialog mit und zwischen den Weltreligionen ist heute ein Erfordernis und Zeichen der Zeit.

Grundsätzliches

Der christliche Glaube an Jesus Christus, den Erlöser aller Menschen, trägt in sich die Konsequenz, dass es über die Botschaft des Gottessohnes hinaus keine weitere substanziell neue Offenbarung mehr geben kann.

Was an einer anderen Religion aus christlicher Sicht beachtenswert ist, muss daher in irgendeinem Verhältnis zu Christus und seiner Lehre stehen. Die Alte Kirche hat dies in dem Bild vom Samenkorn des göttlichen Logos, des göttlichen »Wortes«, zum Ausdruck gebracht: Überall, wo Religionen oder Philosophien etwas Wahres aussagen, tragen sie bereits in sich einen Logos spermatikos, ein »Samenkorn des Mensch gewordenen Wortes Gottes«. Aber allein in der christlichen Lehre ist dieser Same zur vollen Blüte und Fruchtbarkeit aufgegangen.

Demnach gibt es in den anderen Religionen solche, die dem Christentum näherstehen, und andere, die aus kirchlicher Sicht weniger von dem Logos spermatikos in sich tragen.

◀ *Gemeinsames Friedensgebet der Religionen 1986 in Assisi auf Einladung von Papst Johannes Paul II.*

Das Judentum

Das Verhältnis der Kirche zum Judentum ist durch die gemeinsame Ursprungs- und spätere Trennungsgeschichte auf verhängnisvolle Weise gespannt. Im ersten Jahrhundert sind jüdische Obrigkeiten gegen die kleine christliche Splittergruppe vorgegangen. Danach waren die Juden durch Christen Repressalien, Verleumdungen und Verfolgungen bis hin zu Pogromen – ausgesetzt. Nur selten gab es christliche Stimmen, die für eine positive Sicht und Behandlung des Judentums eintraten. Erst nach dem Schock des Holocaust haben sich die christlichen Konfessionen wieder daran erinnert, dass die eigene Erwählung in Christus ihre Grundlage in der vorrangigen Erwählung Israels hat, die auch für die »Heiden« gilt. (Paulus spricht im Römerbrief, Kapitel 11, vom Heidenchristentum als vom Zweig des wilden Ölbaums, der in den edlen Ölbaum Israel eingepfropft worden ist.)

Die Kirche hat gelernt, den Weg Israels als Weg der bleibenden Verheißung zu begreifen, als Weg des nie gekündigten Bundes Gottes mit seinem auserwählten Volk, in den auch sie als Kirche durch Christus eingetreten ist. So be-

Frommer Jude im
Gebet vor der Klagemauer
in Jerusalem

trachtet ist das Verhältnis der Kirche zum Judentum weniger das zwischen zwei verschiedenen Religionen, sondern das zwischen »jüngeren« (Christen) und »älteren« (Juden) Geschwistern. Demgemäß lebt die Kirche heute auch bewusster aus ihren gemeinsamen Wurzeln mit dem Judentum. Es gibt auch verschiedene Formen der Zusammenarbeit, zum Beispiel auf dem Gebiet der Erforschung der Heiligen Schrift des Alten (besser: Ersten) Testaments.

Strittig ist jedoch weiterhin die Frage, ob die Juden am Ende der Zeiten in Christus den Messias erkennen werden müssen, damit sich der Weg Israels erfüllen kann. In der Karfreitagsliturgie betet dazu die Kirche in den Großen Fürbitten: Die Juden mögen »das Ziel erreichen, zu dem Sein [Gottes] Ratschluss sie führen will«.

Der Islam

Der Islam[71] wird mit dem Christen- und dem Judentum zu den monotheistischen Religionen gezählt. Viele Glaubensinhalte, die sich daraus ergeben, haben Christen und Muslime gemeinsam: zum Beispiel die Allmacht Gottes, die Bedeutung eines Lebens nach den Geboten Gottes, die Schöpfung, ein Jüngstes Gericht, die Existenz von Engeln. Auch anerkennt der Koran das Alte wie das Neue Testament und ebenso Jesus, zwar nicht als Sohn Gottes, aber als besonderen Propheten. Insofern ergeben sich für den

Muslime beim Gebet in der Moschee

Dialog mit dem Islam eine Reihe von Ansätzen. Das Zweite Vatikanische Konzil nennt als Grundlage für diesen Dialog die Haltung der Hochachtung.

Zugleich gibt es aber gerade gegenüber dem Islam grundlegende theologische Probleme. Aus der Sicht des strengen Monotheismus des Islam erscheint die christliche Dreifaltigkeit als Vielgötterei. Wo der Koran biblische Themen aufgreift, formuliert er stets seine Differenzen zum Alten und Neuen Testament.

Außerdem ist es christlicher Glaube, dass es keine Offenbarung Gottes über das hinaus geben kann, was Gott in Christus von sich zu erkennen gegeben hat. Der Islam steht aber – rein chronologisch betrachtet als einzige nachchristliche Weltreligion – außerhalb dieses Offenbarungsanspruchs.

Die nichtmonotheistischen Weltreligionen

Es ist nicht wegzudiskutieren, dass es im Hinblick auf Hinduismus und Buddhismus aus christlicher Sicht unüberwindliche Differenzen gibt. Sie liegen im Bereich des Grundsätzlichen, betreffen Gottesbild und Menschenbild.

Dennoch spricht das Zweite Vatikanische Konzil dem Hinduismus eine aufrichtige Suche nach dem großen göttlichen Geheimnis und ein asketisches Streben nach Befreiung aus der Enge des irdischen Daseins zu.

Buddhistische Mönche und Nonnen in ihren charakteristischen Kutten

In der mystischen Erfahrung des göttlichen Geheimnisses zeigen die Religionen auffallende Parallelen

Im Buddhismus achtet die Kirche die Erkenntnis, dass diese Welt vergänglich und deshalb unbeständig ist, sowie sein Bemühen um Erleuchtung – aus eigener Kraft oder durch höhere Hilfe, wie das Konzil vorsichtig formuliert.

Die Religionen insgesamt

Das Zweite Vatikanische Konzil ist bemüht, das ins Auge zu fassen, »was den Menschen gemeinsam ist und sie zur Gemeinschaft untereinander führt«. So erwarten alle Menschen »von den verschiedenen Religionen Antwort auf die ungelösten Rätsel des menschlichen Daseins. (...) Was ist der Mensch? Was ist Sinn und Ziel unseres Lebens? Was ist das Gute, was ist die Sünde? Woher kommt das Leid, und welchen Sinn hat es?« (Konzilsdokument Nostra aetate, Nr. 1). Dieser dialogorientierte Zugang zu den nichtchristlichen Religionen hat – erstmals in der Kirchengeschichte – allen Glaubensgemeinschaften ein ehrliches Bemühen um die letzten Fragen des Menschen zugestanden. Lange Zeit waren sie in kirchenamtlichen Dokumenten als Ungläubige erschienen, die sich der einen Wahrheit gegenüber verschließen.

So kann die Kirche auch zusammenfassend festhalten: »Die katholische Kirche lehnt nichts von alledem ab, was in diesen Religionen wahr und heilig ist. Mit aufrichtigem Ernst betrachtet sie jene Handlungs- und Lebensweisen, jene Vorschriften und Lehren, die zwar in manchem von dem abweichen, was sie selber für wahr hält und lehrt, doch nicht selten einen Strahl jener Wahrheit erkennen lassen, die alle Menschen erleuchtet. Unablässig aber verkündet sie und muss sie verkündigen: Christus, der ist ›der Weg, die Wahrheit und das Leben‹ (Joh 14,6), in dem die Menschen die Fülle des religiösen Lebens finden, in dem Gott alles mit sich versöhnt hat« (Nostra aetate, Nr. 2).

Schließlich sei noch ein Wort zur Mystik gesagt, die Menschen in allen Religionen nach der Erfahrung des göttlichen Geheimnisses suchen lässt. Wahre Mystiker sind sich in besonderer Weise bewusst, dass Gott immer größer ist, als es menschliche Rede über ihn zum Ausdruck bringen kann. So ist es auffallend, dass der interreligiöse Dialog zwischen Mystikern sehr tief sein kann und konfliktfreier vonstatten geht, unabhängig von der religiösen Beheimatung der Dialogpartner.

Wissenswertes zum Bild auf S. 224

Das Religionstreffen von Assisi

Im Jahr 1986 hat Papst Johannes Paul II. unter großem öffentlichen Interesse Vertreter aller Religionen zum gemeinsamen Gebet für den Frieden nach Assisi eingeladen. Spektakulär war an seiner Initiative nicht nur, dass auch Angehörige von Naturreligionen, indianische Schamanen und andere eingeladen waren, die sonst bei den Gesprächen von Religionsvertretern eher weniger Beachtung finden. Noch bedeutsamer war, dass nicht nur eine Begegnung, sondern tatsächlich ein Gebet in Assisi stattgefunden hat – was dem Papst seitens konservativer Kreise der Kirche viel negative Kritik und Unverständnis einbrachte.

Gemeinsames Friedensgebet der Religionen 1986 in Assisi

In aller Kürze: Glossar

Askese

Griechisch »askein« = schmücken, bilden, sich bemühen um, üben

Überbegriff für alle geistlichen Übungen und Praktiken, die der persönlichen Vervollkommnung des Gläubigen dienen, vor allem im Zusammenhang mit Enthaltsamkeit (zum Beispiel Fasten, Verzicht auf Konsum zugunsten Notleidender).

Atheismus/Atheist/atheistisch

Griechisch »atheos« = gottlos

Weltanschauung, die die Existenz Gottes oder (allgemeiner) einer überweltlichen Wirklichkeit ausdrücklich bestreitet. Der Ausdruck praktischer Atheismus meint: Leben ohne Beziehung zu Gott.

Baptisterium

Griechisch »baptizein« = eintauchen, untertauchen, benetzen, übergießen, taufen

In der alten Kirche ein eigenes Gebäude zur Spendung der Taufe, in der Regel mit einem Becken in der Mitte. Später ein Teil des Kirchengebäudes (Taufkapelle).

Basilika

Griechisch »basilike« = Königshalle

Im vorchristlichen Rom Bezeichnung für ein hallenartiges Gebäude (Markt, Versammlungsaula) mit bestimmten architektonischen Merkmalen. Diesem Bautyp der Versammlungshalle (und nicht den Tempelanlagen) folgten auch die ersten großen öffentlichen Kirchenbauten, die mit der Anerkennung des Christentums durch Kaiser Konstantin den Großen 313 möglich wurden.
Später auch unabhängig vom Baustil Bezeichnung für besonders ehrwürdige Kirchen (vgl. die Basilika von St. Peter in Rom oder die Basilika von Mariazell).

Blasphemie

Griechisch »blasphemein« = lästern, schmähen, Böses nachsagen

Gotteslästerung – schwerer Verstoß gegen die Ehre Gottes (2. Gebot), verbal (z.B. Verspottung von Sakramenten oder religiösen Dingen) oder durch Taten (z.B. Schauspiele, in denen religiöse Zeremonien nachgeäfft, öffentlich lächerlich gemacht oder verzerrt wiedergegeben werden, aber auch schwere Vergehen wie Folter »im Namen Gottes«).

Caritas
Lateinisch für Nächstenliebe

Grundvollzug, daher Grundaufgabe der Kirche (s.o. Diakonia). Im katholischen Bereich auch Überbegriff für alle Einrichtungen der kirchlichen Sozialfürsorge. In der evangelischen Kirche heißt diese Institution nach dem griechischen Wort »Diakonie« (Dienst).

Engel, Erzengel
Griechisch »angelos« = Bote

Nach biblischem Glauben gibt es zwischen Gott und dem Menschen Zwischenwesen, die Engel. In der Bibel tauchen sie schon in den frühen Schriften auf. In der jüdischen Apokalyptik (ab dem dritten Jahrhundert v.Chr.) spielen sie eine wachsende Rolle. Dazu zählen auch die Erzengel Michael, Gabriel und Raphael, die nach dem Geschichtsverständnis der Apokalyptik am Ende der Zeiten wichtige Aufgaben erfüllen. Im Neuen Testament treten Engel bevorzugt zur Übermittlung *(Botenengel)* und Erklärung *(Deuteengel)* des göttlichen Wirkens auf, etwa am leeren Grab Jesu. Die göttliche Fürsorge für jeden einzelnen Menschen bringt auch die Annahme eines persönlichen Schutzengels zum Ausdruck.

Enzyklika
Lateinisch für Rundschreiben

Fachausdruck für päpstliche Rundschreiben von besonderer Bedeutung. Einzelne Aussagen können im weiteren Sinn dogmatischen Charakter annehmen. Adressatenkreis in der Regel die Bischöfe oder die Katholiken insgesamt, aber zuletzt manchmal auch »alle Menschen guten Willens«, so bei der Friedensenzyklika »Pacem in terris« von Johannes XXIII. (1963).

Episkopat
Griechisch »episkopos« = Aufseher

Gesamtheit der Bischöfe einer Region bzw. Kirchenprovinz. Bezeichnet außerdem das Bischofsamt an sich sowie das Amt oder die Amtszeit eines konkreten Bischofs (»Sein Episkopat hat zehn Jahre gedauert«).

Erbsünde
Auch: Erbschuld, Ursünde

Mit der Lehre von der »Erbschuld« deutet die Kirche die Erfahrung, dass jeder Mensch vom Anfang seines Daseins an nicht in

der ungestörten Gemeinschaft mit Gott existiert, die seiner Be-
stimmung als Geschöpf entsprechen würde. Diese Neigung zum
Bösen ist nicht Folge einer persönlich sündhaften Verfehlung des
Menschen, sie gehört zu den vorgegebenen Bedingungen des
Menschseins. Nach kirchlichem Glauben ist sie eine Folge der
Sünde des Adam, des ersten Menschen, der sich von Gott abge-
wandt hat. Die Erbschuld macht den Menschen notwendig erlö-
sungsbedürftig – durch die Taufe wird er von ihr gereinigt.

Exegese

Griechisch »ex-hegeistai« = (aus sich) herausführen, erklären,
deuten

Das »Herausführen« der tieferen Bedeutung aus einem Text.
Konkret: Fachausdruck für die Bibelwissenschaft im Allgemei-
nen, im Speziellen für die Tätigkeit der (wissenschaftlichen)
Schriftauslegung.

Gottesfurcht

Die Wirklichkeit Gottes steht dem Menschen immer als unbegreif-
liches Geheimnis gegenüber, als »mysterium tremendum et fasci-
nosum« (Rudolf Otto), als ein Geheimnis, das ebenso »heiliges
Schaudern« wie »heiliges Sehnen« hervorruft. Die Gottesfurcht
darf nicht im psychologischen Sinn mit Angst verwechselt werden,
sie ist die höchste Form von Ehrfurcht, die nur Gott gegenüber
angebracht ist.

Gottesbeweis

Missverständlich für: Versuch, die Existenz Gottes mit den Mitteln
der Vernunft zu beweisen. Genau genommen kein »Beweis«, sondern eine philosophische Argumentation, die zeigen soll, dass es
nicht prinzipiell vernunftwidrig ist, an die Existenz Gottes zu glauben. Methodisch werden verschiedene Zugänge unterschieden.
Als Autoren sind vor allem Anselm von Canterbury und Thomas
von Aquin, als neuzeitlicher Kritiker Immanuel Kant bekannt.
Neuere Versuche von J. H. Newman (19. Jh.) und von dem aus
Österreich stammenden Mathematiker Gottfried Gödel (20 Jh.).

Gottesnamen

Wenn Gott dem Menschen seinen Namen bekannt gibt, macht er
sich »ansprechbar«, in gewissem Sinn auch verfügbar. Die ange-
messene Reaktion des Menschen ist der entsprechend respektvolle Umgang mit dem Gottesnamen. Nach Exodus 3 hat der
Gott Israels sich Mose als »Jahwe« geoffenbart. Das wird über-

setzt mit »Ich bin der Ich-bin-da« oder »Ich bin, der ich bin«. Die Juden sprechen diesen Namen aus Ehrfurcht nicht aus. Sie schreiben zu den vier hebräischen Konsonanten JHWH die Vokale des Wortes für »Herr« (hebräisch »Adonai«) und sprechen anstelle von Jahwe »Adonai« aus. Oder man sagt anstelle von Jahwe einfach nur »Ha Schem«, das bedeutet »der Name«.

Halleluja
Hebräisch für »Lasst uns Gott loben!«

Das Suffix »-ja« steht häufig in hebräischen Namen und weist auf den Gottesnamen Jahwe hin; vgl. auch Jesaja (»Gott wird helfen«), Elija (»Mein Gott ist Jahwe«).

Häresie
Griechisch »hairein«/»haireisthai« = (für sich) auswählen, sich herausnehmen

Eine Lehre, die einen speziellen Glaubensinhalt auswählt und bevorzugt, um andere Glaubensaussagen zu leugnen, und dadurch den ganzen Glauben verfälscht. Umgangssprachlich: Irrlehre.

Hosanna
Hebräisch hoschianna

Ruf, den die Menge Jesus bei seinem Einzug in Jerusalem zugerufen hat. Von seiner biblischen Bedeutung her ist er ursprünglich zugleich eine intensive Bitte um Hilfe und Rettung. Er meint: »Gott, bring doch Hilfe/Rettung«.

Kanonisches Recht
Kurz: Kirchenrecht, Codex, von lateinisch »Codex Iuris Canonici«

Sammlung von Bestimmungen, die das Leben in der Kirche mit Rechten und Pflichten ähnlich wie Statuten regeln. Seit dem Mittelalter auch zur Lösung theologischer Streitfragen von Bedeutung. Seine Gesetze werden von einer eigenen kirchlichen Gerichtsbarkeit interpretiert und angewendet – angefangen von den Rechtsbefugnissen des Pfarrers über die Diözesangerichte bis zu den obersten Päpstlichen Gerichtshöfen in Rom.

Katechismus
Griechisch »katechein« = unterweisen, lehren, verkündigen

Überblicksartige Zusammenstellung der wichtigsten Inhalte des (katholischen) Glaubens in Buchform – seit der Reformationszeit als Leitfaden für die Glaubensunterweisung weit verbreitet.

katholisch/römisch-katholisch
Griechisch »kath holon« = das Ganze betreffend, allumfassend

Die Kirche Christi erhält von ihm die Fülle des Heils, das volle sakramentale Leben. Darüber hinaus richtet sie sich mit der frohen Botschaft Jesu an alle Menschen und ist so »katholisch«, also allumfassend. In diesem Sinn wird sie auch im Glaubensbekenntnis als »katholische Kirche« bezeichnet – einem Glaubensbekenntnis, das im vierten Jahrhundert, also lange vor den Kirchenspaltungen entstanden ist. Tatsächlich erheben gemäß ihrem – christlichen – Selbstverständnis alle christlichen Kirchen einen Anspruch auf Katholizität.

Mit der Kirchenspaltung, namentlich mit der Reformation in Mittel- und Westeuropa, wurde der Begriff »katholisch« eingegrenzt zur Bezeichnung der mit dem römischen Papst verbundenen und ihm unterstellten Kirche, im Unterschied zur evangelischen Konfession. Die Beifügung »römisch-katholisch« meint dabei jenen (größten) Teil der katholischen Kirche, der sich in Lehre, Gebräuchen und vor allem im Ritus an den römischen Vorgaben orientiert. Daneben gibt es auch die sogenannten »katholischen Kirchen des orientalischen Ritus«: Das sind ehemals orthodoxe Kirchen, die sich dem Papst unterstellt haben, aber in wesentlichen Punkten ihre orthodoxen Gewohnheiten beibehalten haben (griechisch-katholische, ukrainisch-katholische Kirche etc.). Für sie gilt auch innerhalb der katholischen Kirche ein eigenes Kirchenrecht.

Kathedrale
Griechisch »kathedra« = »erhöhter Sessel«

Sitz, von dem aus der Bischof in der Kirche seine Lehre verkündet. Die Kathedralkirche des Diözesanbischofs ist die Hauptkirche einer Diözese.

Kirchensprache

Offiziell ist in der katholischen Kirche die lateinische Sprache nach wie vor die kirchliche Amtssprache. Die lateinische Fassung von kirchenamtlichen Dokumenten, von liturgischen Texten ist daher ihre verbindliche Version. Dessen ungeachtet ist die Kenntnis der lateinischen Sprache auch bei Klerikern rückläufig. So werden etwa offizielle Schreiben häufig nicht mehr auf Lateinisch verfasst, sondern in der Muttersprache des Autors, und erst danach ins Lateinische übersetzt. Auch an theologischen Fakultäten wird der offizielle Lehrbetrieb nicht mehr auf Latein, sondern in der jeweiligen Landessprache gehalten.

Konklave
Lateinisch »clavis« = der Schlüssel

Sinngemäß »gemeinsam einschließen« – Synonym für den Vorgang der Papstwahl. Seit dem 11. Jahrhundert wird der Papst von den Kardinälen aus ihrem Kreis gewählt. Um sie vor äußerer (vor allem politischer) Einflussnahme zu schützen, sollten sie dazu von der Außenwelt möglichst abgeschirmt, also »eingesperrt« werden. Konkret geschieht dies in einem Teil des Apostolischen Palastes rund um den Wahlort, die Sixtinische Kapelle. Bei der Wahl Benedikt XVI. im Jahre 2005 kamen erstmals etwas geänderte Bestimmungen dazu zur Anwendung, weil die alte Form des Konklaves nicht mehr zeitgemäß erschien. Heute sind technische Vorkehrungen wie etwa die Unterbindung des Handy-Empfangs wichtiger als die räumliche Isolierung der Teilnehmer.

Konkordat

Vertrag zwischen einem Staat und dem Vatikan, in welchem das Verhältnis des jeweiligen Staates zur katholischen Kirche in diesem Staat geregelt wird.

Kyrie eleison

Das griechische Wort »kyrios« bedeutet »Herr« und wurde u.a. verwendet als respektvolle Anrede an einen Herrscher. In der griechischen Übersetzung des Alten Testaments wird es für die Übersetzung des Gottesnamens Jahwe verwendet, weil ja auch die Juden an seiner Stelle »adonai«, »Herr«, sagen. Im Neuen Testament wird »kyrios« für Jesus gebraucht, wodurch in Übertragung des alttestamentlichen Sprachgebrauchs indirekt seine Gottheit ausgesagt wird. Die christliche Liturgie hat das »Kyrie eleison«, das schon als vorchristlicher Huldigungsruf bekannt war, übernommen. Mit »Kyrie eleison – Herr, erbarme dich« wurde damals der Herrscher begrüßt, aber auch um seine Hilfe angerufen.

Liturgie/liturgisch
Griechisch »leiturgia« = öffentlicher/auch religiöser Dienst für das Volk

Jede Art von gottesdienstlicher Feier ist Liturgie (z.B. Liturgie des Karfreitags, Sonntagsliturgie der heiligen Messe). Auch: Grundbegriff für Grunddimension kirchlichen Handelns (siehe S.117f., Grundaufgaben).

Messias
Hebräisch für »der Gesalbte« (griechisch »Christus«)

Im Alten Testament ganz allgemein der, der zum König gesalbt wurde, oft einfach Synonym für König als »der Gesalbte des Herrn«. Nach dem Untergang der Institution »König« auch der erwartete zukünftige Heilsherrscher, der das Königtum in Israel wieder errichten wird. In dieser Bedeutung auch im Neuen Testament gebräuchlich. Es wird auf Jesus angewendet, in dem die Jünger diesen erwarteten Herrscher erblickt haben.

Mitra und Hirtenstab
Griechisch »mitra« = (Leib-, Kopf- oder Stirn-)Binde, Gürtel

Insignien der Amtsgewalt eines Bischofs oder Abtes, die vor allem bei feierlichen Liturgien getragen werden. Die Mitra ist eine zweiteilige, nach oben hin spitz zulaufende hohe Haube und war vermutlich bereits im Römischen Reich Bestandteil des Ornats hoher – weltlicher – Würdenträger. Der Hirtenstab (auch Pastorale, von lateinisch »pastor« = der Hirte) in der charakteristischen Form des Krummstabs symbolisiert das bischöfliche Hirten- und Leitungsamt.

Nuntius/Nuntiatur
Lateinisch für Bote, Gesandter

Gesandter des Vatikan, für gewöhnlich zumindest im Rang eines Bischofs. Nuntiaturen wurden im Gefolge des Konzils von Trient eingerichtet, um einen engeren Kontakt zwischen Rom und den Ortskirchen zu gewährleisten. Da der Vatikan auch ein Staat ist, sind die Nuntien außerdem gegenüber dem Land, in dem sie tätig sind, im Rang von Diplomaten. Ihre Aufgaben sind die diplomatische Repräsentanz des Vatikanstaates und der regelmäßige Informationsaustausch zwischen der örtlichen Bischofskonferenz und den päpstlichen Behörden. Bei einer Reihe von kirchlichen Vorgängen ist der Nuntius beteiligt oder mit einbezogen. Auch einfache Gläubige können Eingaben an den Papst bei der Nuntiatur einreichen. Eine zentrale Funktion übt der Nuntius bei der Ermittlung von Kandidaten für die Bestellung von Bischöfen vor Ort aus.

Ökumene/ökumenisch
Griechisch für »die gesamte bewohnte Erde«

In diesem Sinne ist ein ökumenisches Konzil eines, das öffentlich und allgemein angekündigt worden ist und auf dem Bischöfe aller Weltgegenden vertreten sind. In weiterem Sinn meint das Wort die Gesamtheit der christlichen Kirchen, aber auch: alle Bemühungen für die Einheit der Christen (z.B. ökumenisches Gebetstreffen, ökumenische Konferenz).

Pastoral
Lateinisch »pastor« = der Hirte

Alle Aktivitäten in der Kirche, die gemäß dem Vorbild Jesu die helfende, heilende Zuwendung zu den Menschen zum Ziel haben. Deutsches Synonym: »Seelsorge«. Das Wort pastoral ist auch als Eigenschaftswort gebräuchlich (»seelsorglich«).

Pontifikat
Lateinisch »pontifex«, genaue Bedeutung unbekannt, gedeutet als der Brückenbauer

Allgemein für das Papstamt, speziell das Amt eines konkreten Papstes (etwa: »das Pontifikat von Johannes Paul II.«).

Presbyterium
Griechisch »presbyter« = der Ältere, der Vorsteher, Inhaber eines (kirchlichen) Leitungsamtes

Allgemein für das Priesteramt. Auch: die Gesamtheit der Priester einer Diözese unter dem Vorsitz des Diözesanbischofs (vgl. »das Presbyterium der Erzdiözese Wien«). Dient ebenso als Synonym für den Altarraum, also für den Bereich einer Kirche, der während der heiligen Messe dem Priester oder dem Bischof und ihren Assistenten vorbehalten ist.

profan
Lateinisch »pro fanum« = vor dem Heiligtum, außerhalb des Heiligtums, vom Heiligtum ferngehalten

In der Antike der Bereich vor dem Tempel, in dem sich auch Leute aufhalten durften, denen es nicht erlaubt war, das Heiligtum zu betreten. Heute: alles Nicht-Religiöse, Nicht-Geweihte, Nicht-Heilige; Gegenteil von »sakral«.

Ritual/Ritus
Ein Ritual ist allgemein gesprochen eine zeichenhafte, speziell religiöse Handlung, ein Ritus die geregelte, systematische Abfolge einer Reihe von Ritualen. Auch: Rituale des Alltags, im Sinn von »Gewohnheiten«.

sakral

Lateinisch »sacer« = heilig, Gott geweiht

Gegenteil von »profan«. Allgemein: heilig, Gott zugehörig. Im weiteren Sinn: Synonym für »religiös« (so meint z.B. »sakrale Handlungen« religiöse, rituelle Handlungen).

säkular

Lateinisch von »saeculum« = Menschenalter, Generation, das Jahrhundert, hier »der (irdischen) Weltzeit zugehörig«

Es gibt eine große Bandbreite der Bedeutungen von »säkular«, die allgemeine Übersetzung lautet »weltlich«. Ursprünglich im Gefolge der Französischen Revolution die Enteignung von Klöstern und die Entlassung von Priestern aus ihren kirchlichen oder weltlichen Aufgaben. Heute vor allem: Säkularisierung im Sinne der aktuellen Tendenz, nach der immer mehr Menschen ohne Beziehung zu Gott leben, aber auch: Säkularisierung (eigentlich: Profanierung) einer Kirche = Aufgabe oder Verkauf einer Kirche zum Zweck ihrer zukünftigen nicht religiösen Verwendung. Des Weiteren: die säkulare Lebensform des »Welt«-Priesters, der keinem Orden angehört.

Scholastik

Lateinisch »schola« = die Schule;
wörtlich »die Schulphilosophie«

Sammelbegriff für jene Richtung der mittelalterlichen Philosophie und Theologie, die in Anwendung der antiken Konzepte von Plato und Aristoteles die Glaubenslehre neu formuliert hat. Hauptvertreter: Albertus Magnus, Anselm von Canterbury, Thomas von Aquin, Duns Scotus. Blüte im 12. und 13. Jahrhundert. Prägt das Universitätswesen jener Zeit in ganz Europa. Im übertragenen Sinn: abwertender Begriff für nutzlose, logische Spekulationen über Gott.

Segen/segnen

Lateinisch »benedicere« = gut reden von bzw. zu etwas oder jemandem

Die Erfahrung zeigt, dass das gute Reden von jemandem, das wohlwollende Gutheißen, einen Menschen wachsen lassen kann, während man mit dem systematischen Schlechtreden (lateinisch »maledicere« = fluchen) einen Menschen zerstören kann. So verstanden meint Segnen keine magische Zauberei, sondern: Den Menschen wird zugesprochen, dass Gott ihn gutheißt, ihm Raum und Zeit zur Entfaltung gibt. Gegenstände und größere Objekte

(Häuser etc.) werden gesegnet im Hinblick auf die Menschen, für die sie geschaffen worden sind.

Sekte
Wörtlich »Abspaltung«

Ursprünglich Fachausdruck für eine religiöse Gruppe, die sich von ihrer angestammten Religionsgemeinschaft abspaltet. Heute vor allem abwertend für religiös-weltanschauliche Sondergruppen.

Ultramontanismus
Lateinisch für »jenseits der Berge«

Begriff, der in West- und Mitteleuropa im 19. Jahrhundert entstanden ist; er unterstellt verdächtigend den Katholiken einen Interessenskonflikt zwischen der Treue zu den Interessen des Staates, dem sie angehören, und ihrer religiösen Orientierung an den Lehren der Kirche, d.h. des Papstes, der in Rom – also jenseits (ultra) der Berge (montes) – seinen Sitz hat.

Unierte Kirchen
Genauer: Griechisch-katholische Kirche, Ukrainisch-katholische Kirche usw.

Ehemalige Teilkirchen der Orthodoxie, die sich im Unterschied zu dieser dem Papst als Oberhaupt unterstellt haben. Daher gelten sie als vollwertige Mitglieder der katholischen Kirche. Dabei haben sie weitgehende Eigenständigkeit im Bereich ihrer Liturgie, aber auch in rechtlichen Fragen bewahrt. So kennen sie die Zulassung verheirateter Männer zum Priesteramt.

Vatikanum/Erstes, Zweites Vatikanum
Kurzbegriff für die beiden weltweiten, allgemeinen Konzilien, die 1869–1870 und 1962–1965 in Rom im Vatikan stattgefunden haben.

Zölibat
Lateinisch »caelebs« = ehelos, unvermählt, allein lebend

Jene Lebensform, in der Menschen auf eine Ehe oder eine andere Beziehung verzichten, um ihr Leben ganz in den Dienst Gottes und für die Menschen zu stellen. Für katholische Priester verpflichtend, aber kein speziell christliches Phänomen.

1 Die Szene von der Übergabe des Vaterunser an die Jünger wird im Neuen Testament zweimal berichtet – bei Matthäus (Mt 6,7–15) und bei Lukas (Lk 11,1–4). Der genaue Text des Gebets variiert zwischen den beiden biblischen Berichten. Das Vaterunser, wie es heute üblicherweise gebetet wird, ist eine Synthese aus diesen beiden Traditionen.

2 Der Begriff »katholisch« bedeutet in seiner ursprünglichen Form »auf das Ganze bezogen«, »gemeinschaftlich«, »allumfassend«, »weltumspannend«. Damit ist ein Grundprinzip der Kirche Jesu Christi ausgesprochen. Heute versteht man in der Regel unter »katholische Kirche« die konkrete Institution der römisch-katholischen Kirche. Aus diesem Grund sprechen die Kirchen der Reformation im Glaubensbekenntnis an dieser Stelle allgemeiner von der heiligen »christlichen« Kirche.

3 Als Ergebnisse theologischer Fragen und Auseinandersetzungen, für die auf Konzilien eine Antwort gesucht wurde, enthalten die Glaubensbekenntnisse also auch Glaubensaussagen, deren Inhalt einmal strittig war.

4 Interessanterweise tauchen Kreuzigungsdarstellungen in der Geschichte des Christentums relativ spät auf – gemeinhin gilt eine Kreuzigungsszene auf der geschnitzten Holztüre von Santa Sabina in Rom aus der ersten Hälfte des fünften Jahrhunderts als frühester Beleg. Denn den ersten Christen stand die Kreuzigung als brutale Hinrichtungsart der Römer noch deutlich vor Augen.

5 Lateinisch bedeutet hier: in der lateinischen, d.h. in der westlichen Kirche gebräuchlich.

6 Russisch bedeutet hier: in der russisch-orthodoxen Kirche gebräuchlich.

7 Vor der Festlegung der Siebenzahl galt etwa auch die Salbung des Königs als Sakrament. Die Kirchen der Reformation kennen und anerkennen weniger Sakramente.

8 Die Feier der Taufe kennt noch eine Vielzahl anderer Riten, die ausdeutenden Charakter haben.

9 Es war zum Teil üblich, die Krankensalbung als »Letzte Ölung« zu bezeichnen und damit zum Ausdruck zu bringen, dass das Sakrament nur in akuter Lebensgefahr gespendet werden soll. Diese verengte Auffassung führt auch heute noch dazu, dass darauf verzichtet wird, kranken Menschen die Krankensalbung zu spenden, weil man sie (oder die Angehörigen) nicht »erschrecken« will. Spätestens seit dem II. Vatikanischen Konzil ist das Verständnis des Sakramentes der Krankensalbung wieder weiter geworden. Auch wenn es weiterhin in Verbindung mit der heiligen Beichte und der Eucharistie als »Wegzehrung« das »Sakrament der Lebensvollendung« bleibt, so kann und soll jedem kranken katholischen Christen zur Aufrichtung und Heilung mitten im Leben und für das Leben dieses Sakrament gespendet werden.

10 In den Ostkirchen hat sich die Einheit des Initiationssakraments bis heute erhalten.

11 Es wird empfohlen, dass jene, die als Kleinkinder getauft worden sind, sich mit diesem damals nicht bewusst erlebten Geschehen später auseinandersetzen. Dazu kann es gehören, im Zusammenhang mit dem Tauftag den Ort der eigenen Taufe aufzusuchen und den Tag der Taufe auf besondere Weise zu begehen.

12 Eine Abendmahlfeier, ein Herrenmahl, wie es auch genannt wird, gibt es auch in so gut wie allen anderen christlichen Konfessionen.

Es bestehen jedoch große Unterschiede bei der Auffassung über die Bedeutung von Brot und Wein und die Gegenwart Jesu Christi in diesen Gaben.

13 Die Evangelisten Matthäus, Markus und Lukas berichten teilweise mit unterschiedlichen Akzenten von der Einsetzung der Eucharistie beim letzten Mahl Jesu mit seinen Jüngern vor seinem Leiden (Mt 26,20–29; Mk 14,17–25; Lk 22,14–23). Auch der Apostel Paulus bezeugt sie schon wenige Jahre nach dem Tod Jesu (1 Kor 11,17–34).

14 Es ist bezeichnend, dass die ersten Kirchenbauten als Versammlungsräume der christlichen Gemeinde in der römischen Öffentlichkeit sich nicht nach den heidnischen Kultbauten – den Tempeln – richteten, sondern an den Basiliken, also an den öffentlichen Versammlungsräumen für Gerichtssitzungen und Handelsgeschäfte, orientierten.

15 In der Offenbarung des Johannes heißt es: »... sah ich unter dem Altar die Seelen aller, die hingeschlachtet worden waren wegen des Wortes Gottes und wegen des Zeugnisses, das sie abgelegt hatten.« (Offb 6,9).

16 In der christlichen Taufpraxis gab es von Anfang an drei unterschiedliche Formen: die Taufe durch Eintauchen und Untertauchen (*Immersionstaufe*) des ganzen Körpers (natürlich besonders für erwachsene Täuflinge) und die Taufe durch Übergießen (*Infusionstaufe*) mit Wasser (aus einer Schale oder mit der Hand) sowie die Taufe durch Besprengung (*Aspersionstaufe,* besonders für Kranke). Entsprechend müssen auch die Taufstellen beschaffen sein: je nachdem als tiefere Taufbecken oder »Taufzuber« oder als Taufsteine, aus denen das Taufwasser zum Übergießen geschöpft wird und in denen es wieder gesammelt wird. In den antiken Taufkapellen (»Baptisterien« genannt) bzw. in den zeitgenössischen Taufbecken, die nach ihrem Vorbild errichtet werden, waren die Taufstellen in den Boden eingelassen und ermöglichten von ihren Ausmaßen her ein vollständiges Untertauchen des Täuflings.

17 Das deutsche Wort Kapelle leitet sich vom lateinischen »cappa« (= Mantel) her und geht auf die frühmittelalterliche Aufbewahrungsstätte des legendären Mantelstücks des heiligen Martin von Tours am Hof der Merowinger zurück.

18 Als Gedenktag der Auferstehung kann der Sonntag selbst in der Fastenzeit kein Tag der Buße sein, weshalb die Sonntage der Fastenzeit bei der Zählung der vierzig Tage vor Ostern nicht berücksichtigt werden.

19 Da mit dem Weihnachtsfestkreis das Kirchenjahr anfängt, ergibt sich die Besonderheit, dass das Kirchenjahr bereits mit dem Advent (also etwa einen Monat vor dem Kalenderjahr) beginnt. Der weltliche Jahreswechsel fällt zwar in vielen Ländern in die Weihnachtszeit, er spielt aber im Ablauf des Kirchenjahres eigentlich keine Rolle.

20 Wo im städtischen Raum Erntedank gefeiert wird, steht der Aspekt des Dankes in einem allgemeineren Sinn im Vordergrund.

21 Die liturgische Farbe Schwarz ist teilweise bei Beerdigungen noch zu sehen, insgesamt hat sich aber Violett auch als Farbe der Trauer durchgesetzt.

22 Man darf dabei nicht vom heutigen Verständnis eines Buches ausgehen, sondern man muss sich die Textmenge vorstellen, die in etwa auf einer antiken Schriftrolle Platz findet.

23 »Septuaginta« ist griechisch und bedeutet 70. Der Legende nach haben siebzig Gelehrte unabhängig voneinander die Schriften der he-

bräischen Bibel ins Griechische übersetzt – dabei entstand angeblich siebzig Mal wortwörtlich derselbe Text.

24 Die Christen haben also eine zweiteilige Heilige Schrift, bestehend aus Altem und Neuem Testament. Die jüdische Bibel als heilige Schrift Israels besteht aus dem Alten Testament. Zu beachten ist ferner, dass Martin Luther bei seiner Bibelübersetzung Spätschriften des Alten Testaments (z.B. die Makkabäerbücher, das Buch Judit oder Jesus Sirach) ausgegliedert und in einem eigenen Bibelteil zwischen dem Alten und dem Neuen Testament untergebracht hat. So fehlen diese Bücher in der Bibel der evangelischen Christen oder sie sind den Bibeln als »Anhang« beigegeben. Auch zur heiligen Schrift der Juden zählen diese Spätschriften des Alten Testaments, die nur auf Griechisch, nicht aber auf Hebräisch überliefert sind, nicht.

25 Daher stellt sich die Entstehung von Matthäus, Markus und Lukas nach der sogenannten »Zweiquellentheorie« wie folgt dar:

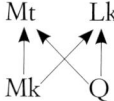

Markus ist demnach das älteste Evangelium. Matthäus und Lukas hatten – neben ihren je eigenen Quellen und Überlieferungen, die sie benutzen konnten (das sogenannte Sondergut) – beide Zugriff auf das Markusevangelium und auf eine Sammlung mit Jesusworten (in der Forschung Logienquelle oder einfach Quelle »Q« genannt).

26 Die biblischen Erzählungen sind keine historischen Berichte im heutigen Sinn von Geschichtsschreibung. Im Folgenden wird der Inhalt der biblischen Bücher grob skizziert, die Frage nach dem historischen Hintergrund wird dabei nicht erörtert.

27 Die biblische Tradition schreibt die Tora Mose als Autor zu.

28 Aufgrund der vielen eingearbeiteten Gesetzestexte heißt der Pentateuch bei den Juden schlicht »Das Gesetz« oder Tora (hebräisch = Weisung, Lehre, Belehrung).

29 Man beachte nur z.B. die zahlreichen Verweise der Psalmen auf die Ereignisse der Frühgeschichte Israels, wie sie in der Tora dargestellt sind.

30 In der hebräischen Bibel und in der griechischen Übersetzung, der sogenannten Septuaginta (LXX), sind die einzelnen Bücher nach anderen Gesichtspunkten geordnet. So werden z.B. Geschichtsbücher, die wichtige Abschnitte über die Propheten enthalten, zu den prophetischen Büchern gezählt.

31 Es gibt im Alten Testament auch eine Reihe von Propheten, von denen keine Sammlung von Reden erhalten ist. Von ihnen sind bedeutende Taten und Worte in den Geschichtsbüchern überliefert. Der bekannteste von ihnen ist Elija (1 Kön 17–19). Unter ihnen gibt es auch eine Prophetin namens Hulda (2 Kön 22,14; 2 Chron 34,22).

32 Die Bedeutung bestimmter Ereignisse aus der Geschichte Israels im Alten Testament und die Bedeutung des Lebens Jesu Christi wird dabei in einer inneren Ähnlichkeit (Analogie) gesehen. Diese Analogie wurde in der frühen christlichen Theologie in vielfältiger Weise aufgezeigt. Man war der Auffassung, dass die Erzählungen des Alten Testaments als Vorausbilder des Lebens Jesu gelesen werden müssen – wie ein Stempel und sein Abdruck. Diese theologische Sichtweise nennt man auch *typologische* Bibelinterpretation (griechisch »typos« = Abdruck, Vorbild, Beispiel).

33 Welche der biblischen Gestalten entweder rein literarische Figuren oder historische Persönlichkeiten sind, ist bei einigen von ihnen historisch schwierig festzustellen.

34 Die Gestalt des Sintflut-Überlebenden gibt es in anderen Schriften des Alten Orients auch. Die bekannteste unter ihnen ist Engidu aus dem mesopotamischen Gilgamesch-Epos.

35 Die Apostelgeschichte (Apg 1) berichtet, dass die Apostel nach dem Verrat des Judas einen bewährten Jünger namens Matthias, der auch Zeuge der Auferstehung gewesen war, an dessen Stelle durch Los in ihren Kreis gewählt haben.

36 Vgl. Ex 20 und Dtn 5.

37 Häufig handelt es sich dabei um Erkenntnisse, um die vorher jahrelang und manchmal jahrhundertelang theologisch diskutiert und gerungen wurde.

38 An ihnen haben die Bischöfe der damals bekannten Welt (griechisch »Ökumene«) teilgenommen. Die dogmatischen Entscheidungen dieser Konzilien werden auch von vielen nichtkatholischen Christen, besonders von den sogenannten Ostkirchen (den orthodoxen Kirchen), als gültig betrachtet und anerkannt. Sie gelten als die grundlegenden Dogmen der Kirche.

39 Es ist zwar immer wieder darüber spekuliert worden, ob es mit der Liebe Gottes vereinbar sein könne, dass es eine ewige Hölle gibt. Wenn man aber von der Freiheit des Menschen ausgeht, die Gott mit seiner Liebe umwirbt, die er aber nicht durch Gewalt außer Kraft setzen kann und will, ist die Vorstellung einer ewigen Gottesferne logisch unumgänglich, Damit kann aber außerhalb von Gott nicht schon entschieden oder geurteilt werden, ob je ein Mensch zu dieser absoluten negativen Freiheit gegen sich, gegen die anderen, gegen die Schöpfung und in allem gegen Gott fähig ist oder war. Gottes Barmherzigkeit und Gottes Gerechtigkeit behalten auch hier das letzte Wort. Deshalb ist und bleibt die »Hölle« im Glauben ein nicht zu verleugnendes Mysterium.

40 Während im Lukasevangelium Maria in den Mittelpunkt der Kindheitsgeschichten rückt und ihr Josef »schweigend« zur Seite steht, ist es im Matthäusevangelium umgekehrt.

41 Für die Kunstgeschichte und in der Frömmigkeit des Volkes – siehe z.B. die Kreuzwegandachten oder die Pieta-Skulpturen – ist die johanneische Darstellung der Todesstunde Jesu und die dort erwähnte Anwesenheit der Mutter Jesu bei seinem Tod prägend gewesen.

42 Der Versuch, aus Verwandtschaftsangaben (z.B. im Lukasevangelium) abzuleiten, dass Maria aus der vornehmen alten Priesterfamilie der Leviten stammt, bringt keine haltbaren historischen Ergebnisse. Wohl aber ist darin schon eine theologische Deutung erkennbar.

43 Dieses Mariendogma wurde vor der ersten Spaltung der christlichen Kirche verkündet und wird daher von fast allen christlichen Kirchen anerkannt.

44 So sagt die Kirche von Maria, sie sei »in Vorausblick auf die Verdienste Christi vom ersten Moment ihres Daseins an von der Erbsünde verschont«, also von der Erbsünde unbelastet oder »unbefleckt empfangen« worden, damit in der Geburt Jesu durch sie von Gott ein neuer Anfang gesetzt werden konnte.
Weiter lehrt die katholische Kirche, »Maria sei auch nach der Geburt ihres Sohnes unversehrte Jungfrau geblieben«. Dies ist zu verstehen »in dem Sinn, dass sie ›Jungfrau geblieben ist, als sie ihren

Sohn empfing, Jungfrau, als sie ihn gebar, Jungfrau, als sie ihn trug, Jungfrau, als sie ihn an ihrer Brust nährte, allzeit Jungfrau‹ (hl. Augustinus)« (Katechismus der Katholischen Kirche: Kompendium, Nr. 99). Dass sich dieses umfassend geistliche Verständnis von Jungfräulichkeit nicht auf biologische Tatsachen reduzieren oder »naturwissenschaftlich erklären« lässt, bedeutet eine besondere Herausforderung an den modernen Zeitgeist.

Als letztes Dogma zur Gottesmutter hat Pius XII. im Jahr 1950 verkündet, dass Maria bei ihrem Tod »mit Leib und Seele« in den Himmel aufgenommen worden ist. Auffallend ist der späte Zeitpunkt der ausdrücklichen Definition und Verkündung dieses Dogmas, weil diese Aussage schon früh Bestandteil des christlichen Glaubens gewesen ist, was beispielsweise zahlreiche Bilder der Kunstgeschichte belegen.

45 Es gibt unterschiedliche Formen eines »Rosenkranzes«, mit dem man die Gebetsfolge »in der Hand« hat. Traditionell wird für den Rosenkranz eine Gebetsschnur verwendet, auf der jedem einzelnen Gebet des Rosenkranzes eine Perle (oder ein Knoten) entspricht. Auch in der Gebetspraxis anderer Religionen finden sich solche Gebetsschnüre, teilweise mit Perlen, so auch die muslimische Gebetsschnur für die 99 Namen Allahs.

46 Vergleiche den geistigen Zusammenhang der mittelalterlichen Marienverehrung mit dem Frauendienst (Minne) des Ritterstandes.

47 Mitunter sind der Pieta noch Josef von Arimatäa oder andere Gestalten aus der Leidensgeschichte beigestellt.

48 Der Gestus des Flüchtens unter den Mantel könnte eine Darstellung aus dem mittelalterlichen Feudalrecht sein und eine Selbstübereignung an den bezeichnen, der den Mantel trägt (hier also an Maria).

49 Die hier aufgelistete Version ist eine Zusammenstellung aus verschiedenen, derzeit gültigen Fassungen der Gebote der Kirche.

50 Dieses Kirchengebot stammt aus einer Zeit, da die einfachen Gläubigen überaus selten kommuniziert haben. Die einmal jährliche Kommunion könnte von einem heutigen Glaubensverständnis aus wohl als sehr selten und für ein aktives christliches Leben als nicht ausreichend empfunden werden.

51 Der Vatikan ist auch ein Staat, der kleinste Staat der Welt: der »Vatikanstaat«. Staatsoberhaupt ist der Papst.

52 Der Begriff Diözese leitet sich von einem lateinischen Lehnwort her, das wiederum aus dem Griechischen entnommen ist. Diözesen nannte man im Römischen Reich bestimmte zivile Verwaltungseinheiten. Dass man diese Bezeichnung mit der öffentlichen Anerkennung des Christentums 313 n.Chr. übernommen hat, hängt damit zusammen, dass erstens die Kirche sich in ihrer Struktur weitgehend an der vorgegebenen Einteilung des römischen Staates orientierte und dass zweitens die Bischöfe bald in den Rang hoher römischer Staatsbeamter aufrückten.

53 Der Aufbau des weltweiten Netzes von Diözesen ist das Resultat einer langen Entwicklung. Die Diözesen Mainz, Salzburg oder Chur sind mehr als 1000 Jahre alt. Sie gehören zu den ältesten Diözesen in ganz Europa. Es gibt aber auch im deutschen Sprachraum Diözesen – so das Bistum Essen –, die erst nach dem Zweiten Weltkrieg errichtet worden sind. Manche Diözesen, beispielsweise viele italienische Bistümer, die bis in die Spätantike zurückreichen, sind kaum größer als eine Kleinstadt. Demgegenüber gibt es gerade in der sogenannten

Dritten Welt sogar Pfarreien, die so groß sind wie mitteleuropäische Länder – und größer. Die konkrete Ausdehnung einer Diözese ist eng mit der politischen Entwicklung einer Region verknüpft. Wo Menschen im zivilen Leben Grenzen aufrichten, ist auch die Kirche bald gezwungen zu reagieren, um die seelsorgliche Betreuung ihrer Gläubigen unter den gegebenen äußeren Bedingungen zu gewährleisten. Das kann heißen, dass sie eine Diözese teilen muss. Gleichzeitig wird aber gerade die Teilung einer Diözese oft staatlicherseits als kirchliche Anerkennung politischer Entwicklungen interpretiert. Das hat die römisch-katholische Kirche auch schon dazu veranlasst, die Diözesanstruktur gerade nicht den politischen Grenzen anzupassen.

54 Die Einteilung in Pfarreien ist – noch stärker als jene der Diözesen – in Bewegung. So werden heute immer öfter Pfarreien zusammengefasst zu einem Pfarrverbund oder zu einer Seelsorgeeinheit, weil die Kirche einerseits mit den in begrenzter Zahl zur Verfügung stehenden Priestern ihre Seelsorge- und Leitungsverantwortung wahrnehmen und sicherstellen will und weil andererseits in Zentraleuropa die Zahl der Gläubigen abnimmt. Andererseits kann aber die Errichtung einer großen Wohnanlage durchaus die Gründung einer neuen Pfarrei erforderlich machen.

55 Nach katholischem Verständnis können nur Männer das Weihesakrament empfangen, mit der Begründung, dass Jesus nach dem Zeugnis des Neuen Testament nur Männer zum Aposteldienst berufen hat.

56 Wo die Trennlinie zwischen Laien und Klerus also tatsächlich verläuft, ist dadurch in Diskussion geraten und war auch schon Thema vatikanischer Klarstellungen. Eine präzise Abgrenzung zwischen den Rollen von Klerikern und Laien ist in der Praxis nicht immer einfach und bietet auch Konfliktstoff.

57 Aufgrund einer Neubestimmung des Zweiten Vatikanischen Konzils.

58 Der korrekte Ausdruck ist »Ad limina«-Besuch, von lateinisch »ad limina« = zu den Schwellen (der Apostelgräber).

59 Siehe auch das eigene Konzilskapitel.

60 Das Wort Kaplan verweist auf das lateinische »cappa« = der Mantel. Als Kapläne bezeichnete man ursprünglich im frühen Mittelalter jene Geistlichen, die im Auftrag der Merowingischen Könige beim Mantelstück des heiligen Martin, einer bedeutenden Reliquie, ihren Dienst versahen.

61 Dieser Grundsatz, der die benediktinische Regel prägt, steht so nicht wörtlich in ihrem Text.

62 Gerade diese Stabilitas loci ist der Grund dafür, dass sich im Umfeld der benediktinischen Klöster eine umfassende Infrastruktur gebildet hat, mit großem wirtschaftlichen und kulturellen Nutzen für die Menschen, die dort lebten.

63 Ebenso wie Chorherren gibt es auch Chorfrauen. Aufgrund der hier gebotenen Kürze kann darauf nicht näher eingegangen werden.

64 Diese Theorie des »pauper Christus« ist in ihrer mittelalterlichen Extremform aus heutiger Sicht der Bibelwissenschaft nicht haltbar.

65 Die Zahl 3 ergab sich zur Zeit des heiligen Franz aus dem Männerorden, dem Frauenorden und der – dritten – nicht-klösterlichen Laiengemeinschaft.

66 Schwester Restituta steht in dieser Aufzählung stellvertretend für die

zahlreichen Märtyrer des 20. Jahrhunderts, die Papst Johannes Paul II. »zur Ehre der Altäre« erhoben hat.

67 Neben diesen Stätten gibt es in Israel eine ganze Reihe von Orten, die mit Jesus in Verbindung gebracht werden. Auch an ihnen sind Gedächtniskirchen errichtet worden. Sie werden von den Pilgern und Pilgerinnen bei ihrer Wallfahrt ins Heilige Land besucht: der Saal des Letzten Abendmahls, der Berg, von dem aus die Bergpredigt gehalten worden ist, oder der Ort der wunderbaren Brotvermehrung und viele andere. Ob sie alle einer historischen Prüfung standhalten, ist weniger wichtig. Entscheidend ist, ob sie dem Menschen, der sie besucht, helfen, Gott zu begegnen.

68 Das Wort »orthodox« stammt aus dem Griechischen und bedeutet »rechtgläubig«. Aus der Sicht der Ostkirchen hat sich nämlich die römisch-katholische Kirche von der einzig wahren Kirche entfernt oder ist vom wahren und rechten Glauben abgefallen.

69 Wird ein Gebiet kirchlich unabhängig und einem eigenen Bischof unterstellt, erlangt sie die Autokephalie (griechisch »autos kephalos« = das eigene Haupt, Selbstständigkeit).

70 In seiner Enzyklika »Ut unum sint« hat Papst Johannes Paul II. beispielsweise alle christlichen Kirchen aufgefordert, darüber nachzudenken, wie ein Papstamt aussehen könnte, das von allen Kirchen als gemeinsames Oberhaupt akzeptiert werden könnte.

71 Die Muslime führen sich geschichtlich auf Ismael, den Sohn Abrahams zurück, den ihm laut Genesis 16 die Magd Hagar geboren hat. Die differenzierte historische Betrachtung ihrer Entstehungsgeschichte und die unterschiedlichen Entwicklungswege, die diese Religion genommen hat, führen zu anderen Ergebnissen.

Für alle, die auf den Geschmack gekommen sind, eine ganz kleine Auswahl:

Grundlegendes

Die Bibel: Altes und Neues Testament. Einheitsübersetzung (Freiburg/Wien 2002)
Katechismus der Katholischen Kirche. Neuübersetzung aufgrund der Editio typica Latina (München/Wien 2003)
Karl Rahner/Herbert Vorgrimler, Kleines Konzilskompendium. Sämtliche Texte des Zweiten Vatikanums (Freiburg 2002[29])

Heilige Schrift

Etienne Charpentier, Führer durch das Alte Testament. Anleitung zum Selbst- und Gruppenstudium (Düsseldorf 1995[6])
Etienne Charpentier, Führer durch das Neue Testament. Anleitung zum Selbst- und Gruppenstudium (Düsseldorf 1994[6])
Walter Kirchschläger, Einführung in das Neue Testament. Begegnung mit der Bibel (Stuttgart 1994)
Ursula Struppe, Einführung in das Alte Testament. Begegnung mit der Bibel (Stuttgart 1995)

Glaubenslehre – Dogmatik

Benedikt XVI. (Joseph Ratzinger), Der Gott Jesu Christi. Betrachtungen über den Dreieinigen Gott (München 2006)
Benedikt XVI. (Joseph Ratzinger), Einführung in das Christentum (München 2007[9]; auch als Hörbuch erhältlich)
Rochus Leonhard, Grundinformation Dogmatik. Ein Lehr- und Arbeitsbuch für das Studium der Theologie (Göttingen 2001[3])

Kirche – Kirchengeschichte

Peter Meinhold, Kirchengeschichte in Schwerpunkten. Ein ökumenischer Versuch (Graz 1982)
Josef Quadflieg, Die Geschichte des Christentums (Düsseldorf 2002)
Fabrizio Rossi, Der Vatikan. Politik und Organisation (München 2004)

Kirchenjahr – Heilige – Leben aus dem Glauben

Durch das Jahr – durch das Leben. Das christliche Hausbuch für die Familie (München 2006)
Erhard Gorys, Lexikon der Heiligen (München 2004[5])
Hermann Kirchhoff, Christliches Brauchtum. Feste und Bräuche im Kirchenjahr (München 2007[2])
Hermann Kirchhoff, Grundgebete der Christen (München 2006[2])
Christof Stein, Leben mit dem Kirchenjahr (Donauwörth 1997)
Albert J. Urban, Lexikon der Heiligen (Paderborn 2005)

Weiterführende Literatur

Abkürzungen der biblischen Bücher

Altes Testament

Gen	Genesis
Ex	Exodus
Lev	Levitikus
Num	Numeri
Dtn	Deuteronomium
Jos	Josua
Ri	Richter
Rut	Rut
1 Sam/	Erstes/Zweites
2 Sam	Buch Samuel
1 Kön/	Erstes/Zweites
2 Kön	Buch der Könige
1 Chron/	Erstes/Zweites
2 Chron	Buch der Chronik
Esra	Esra
Neh	Nehemia
Tob	Tobit
Jdt	Judith
Est	Ester
1 Makk/	Erstes/Zweites Buch
2 Makk	der Makkabäer
Ijob	Ijob
Ps	Psalmen
Spr	Buch der Sprichwörter
Koh	Kohelet
Hld	Hohelied
Weish	Buch der Weisheit
Sir	Jesus Sirach
Jes	Jesaja
Jer	Jeremia
Klgl	Klagelieder
Bar	Baruch
Ez	Ezechiel
Dan	Daniel
Hos	Hosea
Joel	Joel
Am	Amos
Obd	Obadja
Jon	Jona
Mi	Micha
Nah	Nahum
Hab	Habakuk
Zef	Zefanja
Hag	Haggai
Sach	Sacharja
Mal	Maleachi

Neues Testament

Mt	Evangelium nach Matthäus
Mk	Evangelium nach Markus
Lk	Evangelium nach Lukas
Joh	Evangelium nach Johannes
Apg	Apostelgeschichte
Röm	Brief an die Römer
1 Kor/	Erster/Zweiter
2 Kor	Korintherbrief
Gal	Brief an die Galater
Eph	Brief an die Epheser
Phil	Brief an die Philipper
Kol	Brief an die Kolosser
1 Thess/	Erster/Zweiter Brief
2 Thess	an die Thessalonicher
1 Tim/	Erster/Zweiter Brief an
2 Tim	Timotheus
Tit	Brief an Titus
Phil	Brief an Philemon
Hebr	Hebräerbrief
Jak	Jakobusbrief
1 Petr/	Erster/Zweiter
2 Petr	Petrusbrief
1 Joh/	Erster/Zweiter/Dritter
2 Joh/	Johannesbrief
3 Joh	
Jud	Judasbrief
Offb	Offenbarung
(Apk)	(Apokalypse des Johannes)

Die Fotografien in diesem Buch stammen größtenteils von Hans-Jörg Karrenbrock, Klosterneuburg (www.karrenbrock.de), im Folgenden abgekürzt mit HJK.

2 Fotos: HJK – **8** Millstatt, Stiftskirche. Romanische Westtürme mit barocken Helmen. Foto: HJK – **10–12** Fotos: HJK – **13** Wien, Pfarrkirche Lichtental zu den vierzehn Nothelfern (»Schubertkirche«), Deckenfresko von Franz Zoller (Detail) / Klosterneuburg bei Wien, Stiftskirche Maria Geburt, Hochaltar (Detail), konzip. von Matthias Steinl. Fotos: HJK – **14** Foto: HJK – **15** Klosterneuburg bei Wien, Sebastiani-Kapelle, Meister des Albrechtsaltars. Foto: HJK – **16** Foto: kathbild.at – **17** Klagenfurt, Stadthauptpfarrkirche St. Egid. Foto: HJK – **18** St. Peter im Holz (Teurnia), Römermuseum, Mosaikfußboden der Friedhofskirche. Foto: HJK – **20** Klosterneuburg, Pfarrkirche St. Martin. Foto: HJK – **21** Kritzendorf bei Wien, Pfarrkirche St. Vitus, Sakristei / Klagenfurt, Pestsäule am Alten Platz (Detail) / Metnitz, Pfarrkirche zum Hl. Leonhard. Apostelfiguren von Balthasar Prandstätter / Kritzendorf bei Wien, Pfarrkirche St. Vitus, Sakristei. Fotos: HJK – **22** Wien, Jesuitenkirche, Fassade von Andrea Pozzo (Detail) / Kritzendorf bei Wien, Friedhof / Kritzendorf bei Wien, Sakristei. Fotos: HJK – **23** St. Veit an der Glan, Stadtpfarrkirche, Romanisches Portal (Detail) / Kritzendorf bei Wien, Pfarrkirche St. Vitus, Sakristei / St. Veit an der Glan, Pestsäule von Angelo de Putti (Hauptplatz). Fotos: HJK – **24** Giotto di Bondone (1266–1337), Pfingsten, National Gallery London / Klosterneuburg, Stiftskirche Maria Geburt, Sakristei. Foto: HJK – **26** Kritzendorf bei Wien, Pfarrkirche St. Vitus. Foto: HJK

29 Foto: HJK / Foto: kathbild.at / Foto: kathbild.at – **30** Klosterneuburg, Pfarrkirche St. Martin. Foto: HJK – **31–42** Fotos: HJK – **43** Kritzendorf bei Wien, Pfarre St. Vitus, Sakristei. Foto: HJK – **44** Wien Meidling, Pfarrkirche zum Heiligen Johannes Nepomuk, neu gestaltet 2005 von Heinz Ebner. Foto: HJK – **47** Tanzenberg bei Klagenfurt, Pfarrkirche St. Florian / Klosterneuburg bei Wien, Stiftskirche Maria Geburt / Klosterneuburg bei Wien, Stiftskirche Maria Geburt. Fotos: HJK – **48** Klagenfurt, Stadthauptpfarrkirche St. Egid, Tabernakel in Seitenkapelle / Klagenfurt, Stadthauptpfarrkirche St. Egid, Kanzel von Benedikt Pläß / Friesach, Dominikanerkirche. Fotos: HJK – **49** Klosterneuburg, Pfarrkirche St. Martin / Wien Meidling, Pfarrkirche zum Heiligen Johannes Nepomuk / Gurk, Pfarr- und ehem. Domkirche, Krypta. Fotos: HJK – **50** Foto: HJK – **51** Liturgische Geräte: Kritzendorf bei Wien, Pfarrkirche St. Vitus, Sakristei / Fotos: HJK – **52** Klagenfurt, Stadthauptpfarrkirche St. Egid, Sakristei / Klagenfurt, Stadthauptpfarrkirche St. Egid, Sakristei / Archiv HJK / Klosterneuburg bei Wien, Stiftskirche Maria Geburt. Fotos: HJK – **53** Kritzendorf bei Wien, Pfarrkirche St. Vitus, Sakristei / Klagenfurt, Stadthauptpfarrkirche St. Egid, Sakristei. Fotos: HJK – **54–56** Fotos: HJK – **59** Maria Saal, Propsteikirche, Arndorfer Altar (Detail) / Klosterneuburg bei Wien, Museum im Stift, Niederösterreichischer Meister. Fotos: HJK – **60** Maria Saal, Propsteikirche, Arndorfer Altar (Detail). Foto: HJK – **61** Foto: Pressebild Poss – **62** Foto: Bildagentur Waldhäusl / Foto: Claudia Lueg – **63** Klagenfurt, Stadthauptpfarrkirche St. Egid. Weihnachtskrippe (19. Jh., Detail). Fotos: HJK – **64** Klagenfurt, Diözesanmuseum / Klagenfurt, Stadthauptpfarrkirche St. Egid, Sakristei. Fotos: HJK – **65** Klosterneuburg bei Wien, Stiftskirche, Nikolaus von Verdun, Verduner Altar (Detail) / Klagenfurt, Diözesanmuseum. Fotos: HJK – **66** Klagenfurt, Diözesanmuseum. Foto: HJK / Foto: HJK – **67** Foto: HJK / Kritzendorf bei Wien, Pfarrkirche St. Vitus. Foto: HJK – **68** Klosterneuburg bei Wien, Sebastiani-Kapelle, Meister des Albrechtsaltars / Klosterneuburg bei Wien, Dreifaltigkeitssäule am Stadtplatz. Fotos: HJK – **69** Fotos: HJK – **70** Albecht Dürer (1471–1528), Das Allerheiligenbild, Kunsthistorisches Museum Wien. Foto: AKG-Bild / Foto: HJK / Gurk, Pfarr- und ehem. Domkirche, Wandmalerei im Querhaus

(Detail). Foto: HJK – **71** Foto: HJK – **74** Foto: HJK – **77** Gurk, Pfarr- und ehem. Domkirche, Wurzel-Jesse-Schnitzerei aus Lindenholz auf dem inneren Westportal (Detail). Foto: HJK – **78** Marc Chagall (1887–1985), Mose vor dem brennenden Dornbusch, Nizza, MBMC © VG Bild-Kunst, Bonn 2006 – **81** Gurk, Pfarr- und ehem. Domkirche, Wurzel-Jesse-Schnitzerei aus Lindenholz auf dem inneren Westportal (Detail) / Wien, Griechisch-orthodoxe Kirche. Fotos: HJK – **83** Buchmalerei aus dem Fuldaer Evangeliar, 4.Jh., Beginn des Lukasevangeliums. Foto: AKG-Bild – **84** Gurk, Pfarr- und ehem. Domkirche, Freskenzyklus der äußeren Vorhalle (Detail). Foto: HJK – **85** Französischer Meister, Der Bau der Arche Noah, Museum der bildenden Künste, Budapest / Gurk, Pfarr- und ehem. Domkirche, Freskenzyklus der äußeren Vorhalle (Detail). Foto: HJK / Rembrandt: Mose zerschmettert die Steintafeln mit den Worten des Bundes (1659), Gemäldegalerie der Staatlichen Museen Berlin – **86** Klosterneuburg bei Wien, Stiftskirche. Hochaltar (Detail), konzip. von Matthias Steinl. Foto: HJK – **87** Albecht Dürer (1471–1528), Hiob von seiner Frau verhöhnt, Städelsches Kunstinstitut, Frankfurt am Main / Raffael (1483–1520), Madonna del Granduca, Palazzo Pitti, Florenz – **88–89** Maria Saal, Propsteikirche, Hochaltar (Detail). Fotos: HJK – **90** Mose von Michelangelo (1475–1564), Kirche San Pietro in Vincoli. Foto: Heinrich Fischer – **98** Rom, Petersdom, Hauptapsis, Cathedra Petri, gestaltet von 1657–1666 von Gian Lorenzo Bernini. Foto: AKG-Bild – **101** Federzeichnung aus dem Evangeliar des Erzbischofs Ebo, vor 835 – **102** Kösel-Archiv – **103** Kelch: Einzelstück nach Entwurf von Reinhard Schandl Can-Reg / Metnitz, Totentanzmuseum bzw. Karner. Detail des Totentanzes. Fotos: HJK – **104** Stefan Lochner (1400–1451), Jüngstes Gericht, Wallraf-Richartz-Museum Köln – **105** Rom, Petersdom, Hauptschiff, Bronzestatue des hl. Petrus, vermutlich gestaltet von Arnolfo di Cambio. Foto: Robert Roßbach – **106** Rom, Basilika Santa Maria Maggiore, Apsis-Mosaik (Detail). Foto: AKG-Bild – **109** Klosterneuburg bei Wien, Mariensäule am Rathausplatz. Foto: HJK – **111** Foto: HJK – **112** Klosterneuburg bei Wien, Museum im Stift, Meister der Darbringung. Foto: HJK – **113** Friesach, Dominikanerkirche. Meister der Friesacher Madonna. Foto: HJK – **114** Gurk, Pfarr- und ehem. Domkirche. Kreuzaltar von Raphael Donner (Detail). Foto: HKJ / Klosterneuburg bei Wien, Museum im Stift. Niederösterreichisches Werk. Foto: HJK / Mexico-City, Basilica de Santa Maria de Guadalupe. Foto: Kösel-Archiv – **115** Maria Saal, Propsteikirche, Arndorfer Altar (Detail). Foto: HJK – **116** Foto: HJK – **118** Maria Saal, Marienhof der Barmherzigen Schwestern. Foto: HJK – **119** Kritzendorf bei Wien, Private Volksschule der Schulschwestern. Foto: HJK – **120** S. Leutenegger © Ateliers et Presses de Taizé, F-71250 Taizé-Communauté (www.taize.fr) – **122** Maria Saal, Marienhof der Barmherzigen Schwestern. Foto: HJK – **124** Molzbichl, Pfarrkirche St. Tiburtius, Blick aus der Kirche auf das Friedhofskreuz. Foto: HJK – **126–127** Fotos: HJK –**128** Klagenfurt, Stadthauptpfarrkirche St. Egid, Geläut (1990). Foto: HJK – **129** Foto: HJK – **130** Rom, Petersdom, Kolonnaden. Foto: Mauritius Images – **137** Grafik: Kösel-Archiv – **138** Grafik © www.plass.at – **140** Klosterneuburg bei Wien, Stiftskirche Maria Geburt, Blick in die Sakristei. Foto: HJK – **143** Fotos: HJK – **144** Foto: Pressestelle der Diözese Graz-Seckau (Jungwirth) – **146** Foto: kna-Bild – **147** Foto: kathbild.at / Foto: kna-Bild – **148** Foto: kna-Bild – **151** Foto: HJK – **152** Rom, Petersdom, Hauptschiff. Foto: kna-Bild – **155** Frühchristliche Steintafel © Erzdiözese München und Freising / Holzschnitt, spätere Kolorierung (1493), aus: Hartmann Schedel, Liber Chronicarum. Foto: AKG-Bild – **157** Sitzung der Kirchenversammlung in der Kathedrale von Trient, Gemälde eines schweizerischen Malers nach einem zeitgen. Original © tau-av – **158** St. Veit an der Glan, Stadtpfarrkirche, Romanisches Portal (Detail). Foto: HJK / Foto: kna-Bild – **160** Tanzenberg bei Klagenfurt, Pfarrkirche St. Florian, nördliche Wand des Altarraums, gestaltet von Valentin Oman im Secco-Verfahren. Foto: HJK –

163 Rom, Priscilla-Katakombe, Deckengemälde in der sogenannten Grab-
kammer der Verschleierten. Foto: Kösel-Archiv – 164 Staatliche Münzsamm-
lung, München. Foto: Kösel-Archiv / Molzbichl, St. Tiburtius. Foto: HJK
– 165 Klagenfurt, Diözesanmuseum. Foto: HJK – 167 Friesach, Dominikanerkirche, Hauptschiff. Foto: HJK – 168 Lucas Cranach d.Ä. (1472–1553),
Bildnis Martin Luthers im 50. Lebensjahr, Historisches Museum Regensburg,
Leihgabe der Standort Bayerischen Staatsgemäldesammlungen – 168 Rom,
Fontana di Trevi, erbaut 1732–1762 nach einem Entwurf von Niccolò Salvi.
Foto: Robert Rossbach – 170 Justus Sustermans (1597–1681), Galileo Galilei,
Öl auf Leinwand, Galleria degli Uffizi, Florenz. Foto: AKG-Bild – 171 Gün-
ter Seibold, Hemmingen, Papst Pius IX. (1846–1878), Gemälde im Palazzo
Carignano, Turin. Foto: Kösel-Archiv – 172–173 Fotos: kna-Bild – 174 Foto:
Kösel-Archiv / Foto: Kösel-Archiv / Foto: AKG-Bild – 175 Foto: AKG-Bild
/ Foto: Kösel-Archiv / Foto: Kösel-Archiv – 176 Gurk, Pfarr- und ehem.
Domkirche, Chorgestühl von E. Sießenbacher und B. Seitlinger. Foto: HJK
– 178 Diego Velázquez (1599–1660), Der heilige Antonius besucht den heiligen Paulus, Museo del Prado, Madrid – 179 Millstatt, ehem. Stiftsgebäude,
romanischer Kreuzgang. Foto: HJK – 180 Foto: Olaf Gellert, www.arasca.de
– 183 Alfred Wesley Wishart (1865–1933), Bernard von Clairvaux. Foto: Pro-
jekt Gutenberg – 185 Klosterneuburg bei Wien, Stiftskirche, Fresko von P.
Strudel in Seitenkapelle. Foto: HJK – 187 Cimabue (ca. 1240–1302), Ge-
krönte Madonna mit Kind, vier Engeln und dem heiligen Franziskus (Detail),
Unterkirche der Basilika San Francesco, Assisi. Foto: Kösel-Archiv / Foto:
Kösel-Archiv – 188 Simone Martini, Fresko der heiligen Klara (14. Jh.), in
der Kapelle der Unterkirche der Basilika San Francesco, Assisi – 189 Jaco-
pino del Conte (1510–1598), Rom, Kurie des Generaloberen der Gesellschaft
Jesu / Peter Paul Rubens, Teresa von Avila (1615), Kunsthistorisches Museum Wien / Foto: Michael König – 190 Olaf Gellert, www.arasca.de – 192
Foto: kathbild.at – 194 Albecht Dürer (1471–1528), Das Allerheiligenbild,
Kunsthistorisches Museum Wien. Foto: AKG-Bild – 197 Maria Saal, Propsteikirche, Seitenaltar (Detail). Foto: HJK / Meister der Darbringung, Noli
me tangere, Klosterneuburg bei Wien, Museum im Stift. Foto: HJK / Maria
Saal, Propsteikirche. Seitenaltar (Detail). Foto: HJK – 198 Gurk, Pfarr- und
ehem. Domkirche. Wandmalerei am westlichen Vierungspfeiler. Foto: HJK /
Maria Saal, Propsteikirche. Südliche Außenwand. Foto: HJK / Frankfurt
a.M., Höchster Schloss, Detail über dem Torbogen. Foto: privat – 198 Ikone
von Christine Ölzap. Foto: HJK – 200 Maria Saal, Propsteikirche, Kanzel von
Johann Pacher (Detail). Foto: HJK – 202 Fresko im Kloster von Subiaco,
Umbrien. Foto: Gerd Müller / Kösel-Archiv / Klosterneuburg bei Wien, Rathausplatz Mariensäule von Matthias Kögler. Foto: HJK / Kösel-Archiv – 203
Maria Saal, Propsteikirche. Arndorfer Altar (Detail). Foto: HJK – 204 Klosterneuburg bei Wien, Brücke über der Hundskehle. Foto: HJK / Altarbild
von 1492, Pfarrkirche Sachseln / Sr. Restituta als junge Professschwester,
Foto: Franziskanerinnen v. d. christl. Liebe – 205 Foto: kna-Bild – 206 Foto:
HJK – 208 Foto: Kösel-Archiv / Foto: Claudia Lueg – 209 Foto: Robert Roßbach / Foto: Manfred Sauer / Foto: Stefan Bauer / Foto: Kösel-Archiv – 210
Foto: AKG-Bild / Foto: Vasco Roxo – 211 Foto: privat – 212 Foto: privat –
213 Foto: Martin Ortner / Foto: privat – 214 Rom, Apsismosaik in der Basilika San Clemente. Foto: AKG-Bild – 217 Wien, griechisch-orthodoxe Kir-
che. Foto: HJK – 218 Ikone: Christine Ölzap. Foto: HJK – 219 Klagenfurt,
Diözesanmuseum, Hausaltar von Heinrich Vogtherr und Hanns Schultes.
Foto: HJK – 220 Lucas Cranach d.Ä. (1472–1553), Martin Luther, 1533.
Foto: AKG-Bild / Gemälde von Hans Asper (1499–1571), Kunstmuseum
Winterthur / Johann Calvin, Frankreich um 1555, Museum Boymans-van Be-
uningen. Foto: AKG-Bild – 221 Foto: AKG-Bild – 224 Foto: dpa – 227 Foto:
kathbild.at – 228 Foto: kna-Bild – 229 Foto: kna-Bild – 230, 232, 256 Fotos:
HJK

Dank

Ein herzliches Dankeschön gebührt allen, die in den jeweiligen Pfarreien mit viel Verständnis, Geduld und Zeitaufwand die Herstellung der Bilder unterstützt haben. Insbesondere danken wir dem Stift Klosterneuburg und dem Ordinariat der Diözese Gurk-Klagenfurt für die Erlaubnis zur Veröffentlichung der Bilder sowie den geistlichen Herren und den Mitgliedern der Pfarrgemeinde St. Vitus in Kritzendorf bei Wien, die uns für Aufnahmen zur Verfügung gestanden sind.

Autor

Valentino Hribernig-Körber ist Doktor der Technischen Mathematik und arbeitet als EDV-Projekt- bzw. Prozess-Manager im Magistrat der Stadt Wien. Daneben Studium der Katholischen Theologie. Seit vielen Jahren ist er in der katholischen Erwachsenenbildung tätig – vor allem mit Vorträgen in den Fachbereichen Kirchengeschichte, Altes und Neues Testament und Liturgie, außerdem als Leiter von Bildungsreisen. Dabei geht es ihm besonders darum, die innere Plausibilität und den Reichtum des christlichen Glaubens und die Bedeutung der Theologie für eine erfüllte Lebensgestaltung aufzuweisen. Dies ist auch die Motivation zu diesem Buch.

Der gebürtige Klagenfurter ist verheiratet, hat eine Tochter und lebt in Wien.

Fotograf

Die meisten Fotografien in diesem Buch stammen von Hans-Jörg Karrenbrock, der in seiner langjährigen Arbeit für die unterschiedlichsten Medien einen ganz besonderen Stil entwickelt hat. Seine faszinierenden Bilder sind voller Glanz, Wärme und Leben, resultierend aus dem inneren Respekt vor dem Gegenstand des Bildes, dem achtsamen Umgang mit der Botschaft und der Inspiration des Augenblicks.

Der Journalist und Fotograf stammt aus Deutschland. Der Vater von vier Kindern ist verheiratet und lebt in der Nähe von Wien.